TIPPEL
TOUREN

D1723353

Peter Squentz

TIPPEL TOUREN

Band 1

25 Wanderungen
Bergisches Land · Eifel
Siebengebirge · Niederrhein

J.P. Bachem Verlag Köln

Fotos: Peter Squentz

Titelbild: F. Klinkhammer

Titelgestaltung und Karten: Heinz Sistenich

CIP-Titelaufnahme der Deutschen Bibliothek

Squentz, Peter:
Tippeltouren / Peter Squentz. — Köln : Bachem.
   Aus: Kölner Stadt-Anzeiger
Bd. 1. 25 Wanderungen : Bergisches Land, Eifel, Siebengebirge,
   Niederrhein / [Kt.: Heinz Sistenich]. — 6. Aufl., 27. – 32. Tsd. —
   1990
   ISBN 3-7616-1037-8

Buchausgabe nach einer Fortsetzungsfolge aus dem
Kölner Stadt-Anzeiger

Jeglicher Nachdruck, Wiedergabe, Vervielfältigung und Verbrei-
tung (gleich welcher Art), auch von Teilen des Werkes oder von Ab-
bildungen, jegliche Abschrift, Übersetzung, Vortrag, Funk und
Fernsehen bedarf der ausdrücklichen Genehmigung des Verlages.

1. Auflage 1981
2. Auflage 1981
3. Auflage 1985
4. Auflage 1986
5. Auflage 1988
6. Auflage 1990
© J. P. Bachem Verlag, Köln, 1984
Druck: J. P. Bachem, Köln
Printed in Germany
ISBN 3-7616-1037-8

Inhaltsverzeichnis

Niederrhein

Eifel

Siebengebirge

Vorbemerkung

Die vorliegenden „Tippeltouren" sind aus einer gleichnamigen Artikelserie im „Kölner Stadt-Anzeiger" hervorgegangen. Sie wurden für die Buchausgabe nach Gebieten neu geordnet.

Die einzelnen Wegbeschreibungen sind gegenüber dem Erstdruck nur geringfügig geändert worden: Alles, was unmittelbar auf das Erscheinungsdatum bezogen war, wurde getilgt. Nicht verändert wurden alle übrigen Hinweise, auch wenn sie sich auf Vergängliches, aber Wiederkehrendes bezogen: Schneefall, Baumblüte und Herbstlaub. Wo der Text ein „Gerstenfeld" verspricht, muß er nicht unbedingt die „Gerste" halten, wohl aber das „Feld".

Um dem Wanderer die Orientierung zu erleichtern, sind Orts- und Namensangaben im Text kursiv gesetzt. Die Karten sind für die Buchausgabe neu gezeichnet worden (sie unterscheiden sich gelegentlich im Maßstab). Neben der Karte finden sich noch einmal Hinweise auf markante Orientierungsmöglichkeiten. Dort eingesetzte Zahlen verweisen auf entsprechende Ziffern in der Karte. Diese Stichwörter sind keine vollständige Kurzfassung der Wegbeschreibung; sie sollten daher im Zusammenhang mit dem eigentlichen Text und der Karte genutzt werden.

Mein Dank für langjährige gute Zusammenarbeit gilt Rolf Elbertzhagen und Dieter Fitzau, die die Serie angeregt und redaktionell betreut haben.

Köln, im April 1981

Zur dritten, verbesserten Auflage

Ein Buch, das Wanderungen vorschlägt, ist kein Buch allein zum Lesen. Sein Zweck ist der Gebrauch – als Anregung zum Wandern und als Wegbegleiter. An diesem Zweck muß es gemessen werden, es muß in diesem Sinne brauchbar sein und praktikabel bleiben.

Seit ihrem ersten Erscheinen sind die fünfundzwanzig Tippeltouren dieses Bandes immer wieder neu erprobt und meist dabei bestätigt worden.

Einige Wege aber haben sich seither doch so stark verändert, daß sie von Grund auf überprüft und – wo es nötig war – neu beschrieben werden mußten: Zeichen sind erneuert worden, Anhaltspunkte für die Wegbeschreibung haben sich verändert, oder Waldarbeiten haben einen neuen Weg geschaffen; ein ganzes Terrassencafé, das bei der ersten Erwähnung (in Tippeltour 4) noch „bis auf den letzten Platz" gefüllt war, ist inzwischen eingeebnet worden und nicht einmal an seinen Überresten zu erkennen. Zum Jahresende 1984 ist die „Markusmühle" ausgebrannt (Tippeltour 9). Die Wegführung ist davon nicht berührt, aber die Beschreibung hat nun schon historischen Wert.

Die meisten Tippeltouren, die partienweise anderen Wandersystemen folgen, sind auch dadurch freilich noch immer leicht zu erkennen, so daß sich die Änderungen für die Neuauflage im Rahmen halten konnten.

Wo es sich um unerhebliche Korrekturen handelte, sind diese stillschweigend vorgenommen worden. In größerem Umfang sind folgende Wege geändert worden: Tippeltour 1 ist völlig erneuert worden (der ursprüngliche Weg ist durch Straßen- und Talsperrenbau unattraktiv geworden); bei Tippeltour 4 ist die Beschreibung präzisiert worden, der Weg selber hat sich nur geringfügig verändert; bei Tippeltour 11 mußte die Wegführung ein wenig geändert werden, ebenso bei den Tippeltouren 16 und 23, wo jeweils ein Teilstück des Weges unpassierbar geworden ist. Bei den Änderungen ist gleich darauf geachtet worden, daß die Wege in ihrem Streckenverlauf nun dauerhaft erhalten bleiben.

Bei den übrigen Wegen ist die alte Streckenführung beibehalten worden.

Die Wege des zweiten Bandes der „Tippeltouren" sind inzwischen auch überprüft worden; sie sind durchweg noch in dem beschriebenen Zustand.

Sollten sich dennoch einmal Probleme mit irgendeiner Tippeltour ergeben, so bin ich dankbar für einen entsprechenden
Hinweis an

Peter Squentz
J. P. Bachem Verlag
Ursulaplatz 1
5000 Köln 1

Abschließend möchte ich mich ganz besonders bei den Lesern
bedanken, die durch ihre Hinweise dazu beigetragen haben, daß
die Neuauflage dieses Bandes derart verbessert werden konnte.

Köln, im Januar 1985   Peter Squentz

Tippeltour 1:

Zum rostfreien Esel

Ohne ihren Esel fühlen sich die Bechener vermutlich unvollständig. Kaum jemals war ein Tier im Dorf den Leuten so geschwind ans Herz gewachsen wie den Bechenern ihr Esel, und dabei war er nur aus Gips und Drahtgeflecht. Das Prinzenpaar der „Bechener Ässele" hatte solch ein Wappentier gestiftet, doch böse Buben hatten der Figur aus Gips den spätestens seit Ringelnatz bekannten Stips gegeben – und seither ließ der Esel arg die Ohren hängen und war auch sonst ganz ramponiert.

Nun hätte man die Zukunft so wie die Vergangenheit in *Bechen* wohl auch ohne Esel meistern können, aber schade war es schon, und deshalb mußte schnell ein neuer Esel her, ein dauerhafter, sagen wir: aus Bronze. So griffen alle in die Tasche und hatten schließlich Geld genug zusammen für ein Denkmal für die Ewigkeit: rostfrei, knitterfest und pflegeleicht.

Die feierliche Inthronisation des Grautiers wurde schier ein Volksfest, da standen alle Häuser leer bis auf das Bierzelt, und auch der Pfarrer in der Kirche, der sich ganz unverhofft sechshundert Hörern gegenübersah, hatte sich ein feierliches Wort zum Esel überlegt.

Ungerührt von alledem blieb nur einer, und der steht heute noch am Parkplatz und schaut ein wenig melancholisch auf die Bundesstraße.

Ehe wir hier den Weg beginnen, gehen wir hinüber zu der Kirche *St. Antonius Eremit,* deren alte Schönheit durch den schlicht-modernen Ausbau noch hervorgehoben wird. Dann wandern wir zurück, kreuzen den alten Heerweg (B 506) und folgen dem Andreaskreuz *(„X")* neben dem „Gasthaus zur Post" zum Ort hinaus *(„A 3"),* am Friedhof vorüber.

Der Weg wird schmaler, stößt auf eine Siedlungsstraße, aber führt auch dann noch weiter nach Südost.

Hinter der Ansiedlung *Neuhaus* steht rechts ein Wegkreuz von 1873, das von festem Glauben, aber weniger festen Grammatikkenntnissen der Stifter zeugt.

Der Weg führt an einzelnen Landwirtschaftsgebäuden rechts und links vorüber und bringt uns dann in den Wald; hier geht es im Hohlweg bergauf zwischen Buchen.

Vor der Kuppe stößt ein junger Fichtenwald von links an unseren Weg, dann geht es zwischen hohen Buchen schon wieder hinab,

Dreißig Silberlinge: Wegkreuz in Durhaus

bis wir unten die Straße erreichen, die uns rechts zum Flecken *Durhaus* bringt.

Auch hier hat der Glaube ein Zeichen gesetzt: ein Holzkreuz am Wege, vier Meter fünfzig hoch, mit grobem Werkzeug aus dem Stamm geschnitten und für alle Bauern, die nicht lesen konnten, eindringlich verziert mit Geißel, Leiter und drei Nägeln, mit Herz und Hand, mit einem Becher für das Blut, der Uhr, die jedem seine Stunde schlägt, dem Hahn und einer Reihe Silberlinge – die vollständige Passionsgeschichte ist hier Gestalt geworden.

Am Gittermast hinter dem nächsten Acker verlassen wir den *Wanderweg 29 (Andreaskreuz „X")* und wenden uns nach rechts (*Wege 4* und *9,* durch *Winkel* und *Raute* markiert).

Die Zeichen weisen uns durch eine Talsenke; wo der Weg nach einem Kilometer aus dem Wald austritt, halten wir uns links, den Zeichen auf der Spur. Wir durchqueren das schmale Tal und halten uns dann wieder rechts. Wenig später ist der Weg geteert, wir kommen an die *Weyermühle* mit Teich und Mühlenhaus.

Auf der Fahrstraße folgen wir weiter dem Bachtal. In *Hove* bei der großen Linde verlassen wir die beiden Wanderwege und folgen dem „*K"* nach links. Hier gibt es eine Kirche, eine Burg und eine Mühle, aber alles nur im Kleinformat im Steingarten des Hauses Nummer zwo, mit Muscheln besetzt und von Zwergen bevölkert.

Der Weg führt hügelan und zweigt dann an dem letzten Einzelhof nach rechts ab, wieder hinunter an den *Dürschbach,* der hier zwischen Wald und Weideland verläuft.

Bei den ersten, schönen Wohnhäusern von *Dürscheid* verläßt uns der Weg „*K*", wir wenden uns nach rechts *(„Steeger Höhe")*, erreichen die Talstraße und folgen ihr nun bis zur Kirche des *St. Nikolaus.* Die hebt sich rechts der Straße wie ein gotisches Gebirge in den Himmel, überragt die Linden ringsumher, den „*Dürscheider Hof*" sowieso und auch den alten Turm im Westen, das einzige, was man von ihrem Vorgänger um die Jahrhundertwende überhaupt noch stehenlassen wollte.

Hinter dem „Dürscheider Hof" steigen wir rechts hinauf, kommen an der Kirche vorüber, der Weg schwenkt nach links, wir passieren die Schule, kreuzen den „*Hover Weg*" und folgen weiter dem „*Kirchweg*", am Friedhof entlang.

Wer hier in einer Nacht im Februar auf Geister stößt, braucht weiter nicht besorgt zu sein: die gibt's hier regelmäßig. Freilich wäre es schon günstig für den nächtlichen Besucher, wenn jeder Geist auf seinen Schultern seinen Kopf noch trüge. Denn wer in Dürscheid kopflose Gespenter trifft, der kann schon alles für sein eigenes Begräbnis richten. Soviel weiß die Sage sicher.

Links liegt jetzt ein Neubaugebiet, an dessen Rand wir bleiben, bis wir bei der Kapelle mit dem Kreuzweg die Höhe erreicht haben und geradewegs vor *Spitze* an die Kreuzung zweier Höhenstraßen kommen.

Hier halten wir uns rechts, folgen der „*Bechener Straße*" bis in die Kurve hinein. Dort verlassen wir sie auf dem „*N*" in Richtung *Bölinghoven.* Wir kommen durch den Flecken hindurch und steigen vor der Weide zwischen Wald und Weidezaun bergab

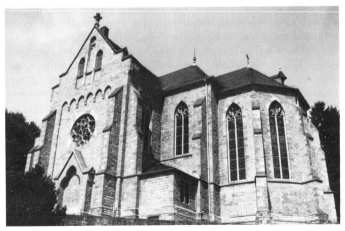

Gotisches Gebirge: St. Nikolaus in Dürscheid

nach links, wo wir im Fichtenwald dann weiter den Weg „N"
verfolgen.

Unten auf dem Teerweg halten wir uns rechts und kommen an
den einsamen Hof *Oberthal.* Zwischen Fichten steht ein Kreuz,
von Efeu überwuchert; dahinter, noch vor der großen Linde,
nehmen wir den Weg nach rechts, und wo er sich nach etwa
fünfzig Metern gabelt, halten wir uns links, zwischen Brombeer-
ranken und Haselnußgebüsch hinauf in den weiten Buchenwald.
Oben geht es durch ein Fichtenstück, dann haben wir *Nußbaum*
vor uns auf der Höhe. Hier ist der Weg, der zwischen Weidezäunen läuft, fast völlig zugewachsen, doch wir denken zuversicht-
lich, daß die Naturfreunde, zu deren Haus in Bensberg-Hardt er
führt – nur deshalb heißt er „N" –, ihn immer wieder mal auch in
der Zukunft überprüfen; so erreichen wir die *Bundesstraße
(B 506).*

Ein kleines Stück nur folgen wir ihr nach links, schon bei der
nächsten Möglichkeit verlassen wir sie wieder nach rechts
(„Kramer Hof"). So kommen wir ins Freie, und ehe der Weg nach
etwas mehr als fünfhundert Metern ein Buchenwaldstück mit
einzelnen Häusern erreicht, weist das Zeichen „K" bei einer
Holzbank nach rechts. Ein wenig kommen wir bergab auf eine
Weide, folgen weiter den Zeichen „K" und „N" und „A 4", bis wir
zwischen Farnkraut und Birken wieder den Wald erreicht haben.

Rechts unter uns begleitet uns ein Siefen, die Landschaft wird,
was man so gerne „wildromantisch" nennt; auf bereitgelegten
Stangen kommen wir über ein Wasser, das ein wenig später
schon sein Ziel erreicht hat. Jenseits dieses Siefens stoßen wir
auf die Böschung des Hochwalds mit einem breiteren Weg, dem
folgen wir nach rechts und geradeaus und haben immer noch
das Bächlein neben uns zur Rechten. So erreichen wir die
Straße.

Ihr folgen wir für zweihundert Meter nach links und talwärts bis
zur *Liesenberger Mühle".* Wir wandern zu dem Haus hinüber
und links daran vorbei; an der rostigen Schranke zweigen gleich
drei Wege für uns ab; wir nehmen den mittleren, der halblinks
als schmaler Pfad in der Böschung hinaufsteigt („K" und andere
Zeichen).

Der Aufstieg kostet Kraft, dafür bietet dann der Weg, als er noch
in der Steigung scharf nach rechts abknickt, schöne Blicke auf
das Scherfbachtal. Der Weg bleibt auf dem schmalen Höhenrük-
ken, wir folgen weiter den vertrauten Zeichen und kommen
schließlich übers Feld nach *Keffermich.* Hier sind wir wieder auf
dem Wanderweg mit dem Andreaskreuz *(29),* der uns zurück
nach *Bechen* bringt.

Rund um Bechen

Weglänge: etwa 14 km

Anfahrt:
über Bergisch Gladbach B 506 Richtung Wipperfürth bis
Bechen; oder Autobahn A 4 Richtung Olpe bis Moitzfeld, über
Herkenrath, Spitze bis B 506 nach Bechen. Parkplatz an der
Kreuzung in der Ortsmitte.

Einkehrmöglichkeiten:
in Bechen und Dürscheid.

Wanderkarte:
L 4908 Solingen.

Wanderweg:
Von Bechen ① Weg 29 („X"), vorbei am „Gasthaus zur Post", an
Neuhaus vorüber, durch den Wald nach Durhaus ②; hier rechts
(Wege 4 und 9, Winkel und Raute) durch Talsenke ③ zur Weyer-
mühle und weiter bis nach Hove; hier links Weg „K"; knickt
schnell rechts ab ④ und folgt dem Dürschbach nach Dürscheid.
Dort zur Kirche, hinter „Dürscheider Hof" nach rechts, „Hover
Weg" kreuzen, weiter dem „Kirchweg" folgen am Neubaugebiet
⑤ vorüber bis zur Straßenkreuzung vor Spitze; Bechener Straße
rechts bis in Kurve ⑥, links Weg „N" nach Bölinghoven; durch
Fichtenwald weiter nach Oberthal. Zwischen Kreuz und Linde
rechts, nach 50 m links (Weg „N") durch Buchenwald und oben
Weideland nach Nußbaum zur B 506; links, gleich rechts „Kramer Hof", vor Waldstück ⑦ halbrechts („K"), dem Zeichen durch
den Wald folgen bis zur Straße ⑧; links zur „Liesenberger
Mühle", hier rechts und auf mittlerem Weg in die Böschung
steigen („K"). Oben Rechtsknick ⑨, dann im Wald auf Höhen-
rücken bis Keffermich; hier Weg „29" zurück nach Bechen ①.

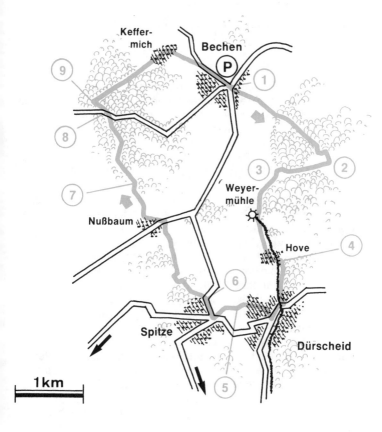

Keffer-
mich

Bechen

P

⑨

⑧

⑦

③

②

①

Weyer-
mühle

Hove

④

Nußbaum

⑥

Spitze

⑤

Dürscheid

1km

Tippeltour 2:

Über die Wupper
der Blüten wegen

Vom Eise befreit sind Strom und Bäche – und auch das Autobahnkreuz Leverkusen ist wieder schnee- und eisfrei. Wir fahren über die *Düsseldorfer Autobahn*, nehmen die Abfahrt *Opladen* und folgen der gut beschilderten Strecke nach *Leichlingen*. Dort, in dem Städtchen mit dem Vornamen *„Blütenstadt"*, wollen wir sehen, ob wir einen Zipfel jenes berühmten blauen Bandes erhaschen können, das der Frühling jetzt bekanntlich allenthalben flattern läßt.

Zwischen *Opladen* und *Leichlingen* passieren wir einen Bahnübergang wie eine Grenze. Schlagartig ändert sich hier die Gegend, das Bergische gibt Durchblicke auf den Niederrhein frei: weite Felder liegen hier, gläserne Gewächshäuser, folienbedeckte Frühbeete. Wir biegen rechts ab, es geht ein weiteres Mal unter der Eisenbahn her, dann überqueren wir die *Wupper* und biegen links ab ins Innere der Stadt. Wir durchqueren das Zentrum und folgen der Straße in Richtung *Solingen* bis zum Feuerwehrplatz auf der rechten Seite, wo wir den Wagen abstellen und erwartungsvoll die Nase in den leichten Wind stecken.

An einer Hausecke entdecken wir die weiße *Markierung „A 1"*, der wir für die nächsten acht Kilometer folgen werden. Neben dem „A 1" finden wir anfangs immer wieder ein *weißes Kreuz*, die Signatur für den *Wanderweg „19"*, der unter Kennern als der schönste Weg durch das Bergische Land gilt. Erst in *Oberschmitte*, nach einem Drittel des Rundwegs, trennen sich die beiden Wege. Wir tippeln los, vorbei an bergischem Fachwerk mit grauen Schieferdächern und sattgrün lackierten Fensterläden. Bevor die Straße wieder auf die Route nach *Solingen* mündet, schlägt unser Weg einen Haken und schlängelt sich rechts steil den Berg hinauf. Immer höher geht es durch Laubwald und Gehölz, bis wir endlich oben wieder in die Sonne treten. Die Hochebene, auf der wir jetzt stehen, ist geologisch die lößbedeckte Hauptterrasse der Wupper, die in weitem Bogen Leichlingen halb umzingelt. Hier oben liegen die Obsthöfe, die Leichlingens Winteräpfel und Birnen berühmt gemacht haben.

Ein sanfter Wind wellt das weiche, hohe Gras. Die Obstbäume stehen in der ersten Blüte, unter den schattigen Baumkronen drängen sich ein paar Kühe.

Der Weg führt nun nach Norden auf den Weiler *Hülstrung* zu. Die Kirschen blühen das strahlendste Weiß ihres Lebens, die Birnen haben sich verfärbt, nur die Äpfel lassen auf sich warten. Gelbe Narzissen leuchten im fetten Gras, und unter den Obstbäumen haben sich fliederfarbene Kissen von Wiesenschaumkraut ausgebreitet.

Ein aufgeplusterter Hahn scharrt im warmen Staub, um für sich und seinen fetten Harem eine schattige Kuhle unter ein paar Holzbalken herzurichten. Kaum hat die Sonne den Winter vollends vertrieben, da will ihr das Federvieh auch schon aus dem Weg gehen.

Als wir auf die Höhenstraße nach *Witzhelden* stoßen, sehen wir das Tal der Wupper offen vor uns liegen. Die Natur hat Weidenbäume im Bogen durch die fruchtbare Wipperaue gesteppt, um weithin den Verlauf des kleinen Flüßchens anzuzeigen. Im Dunst der Ferne steigen am jenseitigen Ufer die Wupperterrassen wieder langsam an.

Früher einmal muß der Fluß sehr fischreich gewesen sein, aber als der Stadtheraldiker unter den Bergischen Löwen einen fetten Fisch ins Stadtwappen setzte, dürfte es von den Lachsschwärmen in der Wupper bereits nur noch Gerüchte gegeben haben.

Energiebewußt: Die Wetterseite ist mit Holzziegeln abgedichtet

Denn die Leichlinger erhielten ihr Wappen erst zu Wilhelms Zeiten, obwohl die Stadt schon seit 1856 das Stadtrecht besaß. Eigentlich wollten die Stadtväter neben den Wappentieren auch den Zeppelin des 1910 über Leichlingen abgestürzten Luftpioniers *Oskar Erbslöh* ins Wappen aufnehmen, denn wenn sich schon keine hohe Persönlichkeit finden ließ, die in Leichlingen geboren war, so gab es doch zumindest diesen einen, der in Leichlingen gestorben war. Aber der Kaiser verwarf mit energischem Rotstift den seltsamen Plan, es blieb bei Fisch und Leu. Erst viele Jahre danach wurde im Ort der Stotter-Karnevalist *Kurt Lauterbach* geboren, aber da war es zu spät: das Wappen war schon fertig.

Wir verlassen die Straße und erreichen nach einem kurzen Waldstück den *Ortsteil Bennert*. Ein älteres Paar in Kittel und Unterhemd richtet seinen Garten her für den plötzlich angekündigten Besuch des Sommers. Rot blühen die Pfirsiche, darunter wieder Osterglocken. Die Fachwerkhäuser hier auf der Höhe sind gegen die Wetterseite mit Schiefer geschützt.

Bei einem Haus mit dem Straßenschild „*Ellenbogen*" verlassen wir den Weg für eine Stunde. Ein „stiller Winkel" hat es uns angetan, ein Lokal in *Oberschmitte*, das mit Kaffee und bergischen Waffeln lockt. In einer gemütlichen Wohnstubenatmosphäre serviert uns die hoffnungslos überlastete Kellnerin unsere Waffeln, die in den Kölner Stadtfarben geschmückt sind: rot die heißen Kirschen, weiß die Schlagsahne.

Vor dem Ort *Bergerhof* verläßt der Weg auf einmal die Höhe und steigt schnellen Schrittes ab ins *Schmerbachtal*. Im Nu sind wir unten im kühlen Grund, und irgendwann ist hier auch einmal ein Wasserrad gegangen. Jetzt aber ist das Fachwerk des Kottens bucklig und schief, der Schornstein daneben raucht wohl schon lange nicht mehr.

Der *Schmerbach* gurgelt eilig durch das enge Tal, durch Nadelwälder hindurch, dann zwischen hellen Buchenstämmen. Die Zweige tragen ihr frisches Grün, und zwischendurch blitzt weiß eine Wildkirsche auf.

Wir gelangen an ein paar Forellenteiche, zählen von ferne die Fische, und als wir ein Forellenquintett beisammen haben, ziehen wir weiter.

Wo sich der *Schmerbach* mit dem *Weltersbach* vereinigt, knickt der Weg rechts ab. Am Weiher bei der *Hasensprungmühle* studieren wir die Enten und Bläßhühner, am *Steegerhäuschen* stoßen wir wieder auf Leichlinger Blütenpracht. Hier gibt es viel kleinstädtisches Ambiente mit Biedermeierstaffage: Fachwerkhäuser mit Wintergärten, kleinen Balkonen und Gartenzäunen. Dann wechselt das Bild, wir passieren monotonen Siedlungsbau, das moderne Rathaus und das Blütenmeer im Stadtpark.

Hinter der *Kirchstraße* gehen wir noch einmal ins „Dorf", wie dieser Ortsteil heißt: verwinkelte Häuschen, alle grau verschiefert.

Als wir wieder den Feuerwehrplatz erreichen, sind die Schatten länger geworden. Tippeln macht durstig und hungrig auch: es ist Zeit für ein Abendessen.

Rund um Leichlingen

Weglänge: 8 km

Anfahrt:
Autobahn Köln-Oberhausen bis Opladen/Leichlingen; der ausgeschilderten Strecke folgen (gesamte Fahrstrecke hin und zurück ca. 70 km). Parkplatz „Feuerwehrplatz" gegenüber der Schule „Am Hammer" an der Straße nach Solingen.

Einkehrmöglichkeiten:
Am beschriebenen Weg „Haus Oberschmitte" und „Im stillen Winkel", weitere sind durch einen Abstecher in die Wipperaue zu erreichen, ebenso im Ortsteil Balken.

Wanderkarte:
L 4908 Solingen oder Solingen 1 : 25000.

Wanderweg:
Am Parkplatz in Leichlingen ① 8 km dem „A1" (bzw. zu Beginn auch dem Wanderweg „19", weißes Kreuz) folgen. Markante Punkte sind der Weiler Hülstrung ②, Ortsteil Bennert ③, Straßenschild „Ellenbogen" ④, Oberschmitte ⑤, Bergerhof ⑥, Hasensprungmühle ⑦, Steegerhäuschen.

Neben dem beschriebenen Weg sind als Alternativen der mit Punkten markierte „Blütenweg" zu nennen sowie der Weg „L" rund um Leichlingen (20 km).

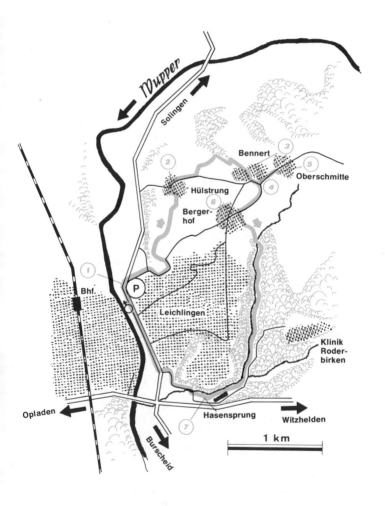

Tippeltour 3:

Besuch beim alten King an der Düssel

Der Wagen wird zur Zeitmaschine: gut dreißig Autominuten bescheren uns Erinnerungen an die Eiszeit. Wir sind unterwegs ins *Neandertal*, um tippelnd einen 60 000 Jahre entfernten Verwandten zu besuchen: den Homo neandertalensis King, bekannter unter dem Namen „Neandertaler".

Wir folgen der rechtsrheinischen Autobahn nach *Düsseldorf* bis zum Autobahnkreuz *Hilden*, biegen rechts ab in Richtung *Wuppertal* und verlassen nach 1000 Metern die Autobahn bei der Abfahrt *Haan/Hochdahl*. Links geht es nach *Hochdahl*, die Hauptstraße führt windungsreich vorbei an Blumenständen und modernem Siedlungsbau, bis auf der Höhe die Eisenbahn überquert wird. Sekunden bleiben für einen Panoramablick über die Hochebene. Quer vor uns erstreckt sich, tief eingeschnitten und randvoll mit dichtem Mischwald bewachsen, das Neandertal, die schönste Partie im Tal der *Düssel*: eine Oase in Grün inmitten einer alten Industrielandschaft.

Das berühmte Tal trägt seinen Namen nach dem barocken Kirchenlieddichter *Joachim Neander*, der in dem schattigen Flußtal häufig Ruhe und Erholung suchte. „Lobe den Herren, den mächtigen König" ist sein bekanntestes Lied, leicht kann man sich vorstellen, daß es dort unten entstanden ist. Nach seinem bedeutenderen Kollegen *Paul Gerhardt* sind Straßen und Plätze benannt, den jung verstorbenen Neander aber hat ein ganzes Tal unvergessen gemacht.

Die Straße macht einen scharfen Linksknick und stößt nach gut einem Kilometer in Höhe des Bahnhofs *Hochdahl* auf die Hauptstraße nach *Mettmann*, der wir in immer enger werdenden Haarnadelkurven ins Tal folgen. Unten halten wir uns rechts, ein keulenbewehrter, weißlackierter Neandertaler weist uns den Weg zum Parkplatz.

Es ist viel los in dem einstmals abgelegenen Tal, die meisten Fußgänger aber streben geradewegs zum Museum oder zum Wildpark.

Wir wenden uns nach wenigen Metern nach rechts, folgen der *Wegmarkierung „1"* den Berg hinauf und sind bald allein im Wald. Rechts hinter einem Eisengeländer fließt der kleine *Thekhauser*

Bach durch Birken und Kastanien schnell talwärts. Bald sind wir oben im Ortsteil *Thekhaus*.

Der Weg führt uns auf die Straße, über die wir gekommen sind. Genau tausend Meter müssen wir der lauten Straße nach links folgen, bis zu dem Bahnübergang, den wir schon kennen. Dort bietet sich wieder der Märchenblick über das ganze Tal. Drüben leuchtet ein blühendes Rapsfeld, links erstreckt sich ein großes Kalkwerk, über uns legen sich die Lerchen mächtig ins Zeug und vor uns senkt sich wieder das üppig grüne Neandertal.

Neandertaler   Neander

Ein Fußweg verläuft quer durch das junge Korn bis zu einer Schutzhütte. Hier biegt ein vielversprechender Weg links ab, der uns augenscheinlich talwärts führt. Bald stoßen wir auf einen Zaun, an dem ein Hinweisschild mahnend den Zeigefinger hebt: „Wildgehege, Betreten verboten, Lebensgefahr, Füttern nicht erlaubt". Sollten hier stilecht Säbelzahntiger und Höhlenbären gehalten werden?

Der Weg steigt über eine Treppe aus Bahnschwellen. Von links, von Westen her, scheint die Sonne durch einen Birkenwald, ein Bild wie die schönste Haarwasserreklame.

Endlich finden wir auch unser *Zeichen „1"* wieder. Die ersten Schmetterlinge torkeln über die Wiesen, irgendwo trommelt ein Specht den Holzwürmern das Lied vom Tod.

Hier herum also haben 1856 Arbeiter beim Kalksteinbrechen die
Knochen eines „Höhlenbären" gefunden. In Elberfeld gab es den
Realschullehrer und Hobbyforscher *Fuhlrott*, dem zeigten sie die
Knochen. Fuhlrott erkannte gleich, daß es menschliche Gebeine
waren, und äußerte die Vermutung, daß man hier auf Überreste
einer älteren, primitiveren Menschenform gestoßen sei.

Lange Jahre war es nicht ausgemacht, ob sich Fuhlrott mit dieser
kühnen These nicht unsterblich blamieren würde. Der kleine
Realschullehrer wurde von den größten Koryphäen angegriffen,
die Knochen wurden auf vielerlei Weise erklärt. Heute wissen wir,
daß Fuhlrott mit der Annahme seines „Neandertalers" recht hatte, aber was mag er damals durchgemacht haben, zu einer Zeit,
als ein Lehrer nur dann etwas galt, wenn er noch mindestens Re-
serveleutnant war. Was haben wohl seine Frau und seine Kollegen von ihm gedacht? „Er wird schon sehen, was er davon hat.
Warum legt er sich auch mit dem großen *Virchow* an?" Vielleicht
haben sie so geredet im Lehrerzimmer. Denn der berühmte Berliner Mediziner hatte sich die Knochen durch seine Pathologen-
brille besehen und befunden, die Knochen seien die eines Menschen, der als Kind an Rachitis gelitten habe. *Richard Wagner*,
auch so eine Sachautorität, kam auch nicht aus seinen alten
Denkbahnen, und tippte ebenfalls daneben: er tippte auf einen
Holländer. Für andere wiederum war es klar, daß es sich bei dem
Fund um die Überreste eines Kosaken handeln mußte, der sich
1813 in den Befreiungskriegen in der Höhle verkrochen hatte.
Schließlich weiß und wußte jedermann, daß die Kosaken als Rei-
ter, also säbelbeinig wie Neandertaler, zur Welt kommen.

Aber Fuhlrott behielt recht, andere Knochenfunde stützten seine
Theorie, der *Homo neandertalensis King* war – wenn nicht geboren – so doch getauft.

Wir gelangen auf die feuchte Talsohle, durch die in sachten Windungen die *Düssel* fließt. Der Weg führt am Waldrand flußaufwärts, im Schatten der Erlen am Ufer drängen sich Kühe, die hier
auf den fetten Wiesen weiden. Endlich stoßen wir auf eine Straße,
es geht ein paar Schritte bergab in den Flecken *Steeg*, wo wir die
Düssel überqueren.

Hinter Büschen und Bäumen liegt ein weißgrün gestrichenes
Holzhaus, die Ausflugsgaststätte *„Haus Wanderklub"*: Gelegenheit für eine Rast. Sie wird vor hundert Jahren kaum anders aus-
gesehen haben, als Kutsche und Eisenbahn die Düsseldorfer
zum Sonntagsspaziergang nach *Erkrath* brachten. Aus Fonta-
nes Romanen kennt man solche Lokale: Man sitzt zwischen Hek-
ken unter Kastanien, die weißberockten Kellner schleppen un-

entwegt Kaffee und Kuchen ins Freie, man trinkt Berliner Weiße, Erdbeerwein und dunkles Altbier.

Kinder laufen zwischen den Tischen herum, ihnen dauert die Rast zu lange, denn sie haben ihr Eis schon gelöffelt und die Limonade getrunken. Hunde schließen schwanzwedelnd Bekanntschaft. Wir studieren die Karte. Es bietet sich ein Umweg an über *Butzberg* und *Burg*, aber da das Neandertalmuseum schon um 6 Uhr schließt, entscheiden wir uns für den kürzeren Weg, immer der Düssel nach. So wie wir müssen viele gedacht haben, denn der *Weg „3"* ist eine regelrechte Promenade.

Ein kleiner Junge findet auf dem Weg einen schwarzgrün schillernden Käfer. Der Vater äußert Belehrendes, doch als die Familie weiter will, springt der Kleine unvermittelt mit beiden Füßen auf das Tierchen und zertritt es. Die Eltern sind außer sich – hier, wo alle Leute zusehen. „So, zur Strafe gibt's jetzt kein Eis!" Der Knabe quengelt. „Und außerdem die ganze Woche kein Fernsehen!" Das sitzt. Der Kleine versucht es mit einer Notlüge: „Aber der Käfer ist ja gar nicht richtig tot." Doch das macht die Sache nur noch schlimmer, denn jetzt soll er hingehen und das Krabbeltier ganz tottreten. Er vermag's nicht, so muß der Vater kommen und das platte Tierchen wie eine Kippe austreten. Strafe muß sein, aber der kleine Übeltäter wird wohl am nächsten Käfer, der ihm unter die Augen kommt, schreckliche Rache nehmen.

Da ist auf einmal wieder der Zaun vom Wildgehege, und endlich sehen wir auch das gehegte Wild: Rudel von Wildpferden und Damschauflern, einer Rotwildart, dazwischen zottige Wisente. Wir überqueren ein zweites Mal die *Düssel* und erreichen das kleine Museum. Innen ziehen zwei Neandertaler aus Gips die Besucher an. Sie stehen und hocken, nackt bis auf den unvermeidlichen Lendenschurz des wohlmeinenden Bildhauers, vor einer Art Fototapete, die eine Höhle zeigt, und sehen aus, als warteten sie auf den Feierabend.

Auf ein Verzeichnis der Jagdtiere des Neandertalers hat ein Witzbold noch „Veronika" und „Anke" geschrieben – seine privaten Jagdobjekte?

Schließlich gibt es noch einen eiszeitlichen Rastplatz zu bewundern: statt Coca-Cola-Dosen abgenagte Knochen. Schon die Neandertaler haben nicht ihre Anlagen geschützt, und die Archäologen sind ihnen noch dankbar dafür.

Vor der Neander-Stube steht zwischen allerlei Spielgerät ein lachender Reitelefant, der Groschen frißt. Ein Mammut wäre da zweifellos stilechter.

Durch das Neandertal

Weglänge: etwa 7 km

Anfahrt:
Autobahn Köln-Oberhausen bis Hildener Kreuz, Autobahn Richtung Wuppertal bis Abfahrt Haan/Hochdahl, durch Hochdahl über ausgeschilderte Wegstrecke (gesamte Fahrstrecke hin und zurück ca. 100 km). Parkplatz am Eingang zum Neandertal.

Einkehrmöglichkeiten:
vielfach am Parkplatz, „Haus Wanderklub" am Weg.

Wanderkarte:
L 4706 Düsseldorf oder Mettmann (1 : 25000) oder Solingen (1 : 25000).

Wanderweg:
Kurz hinter dem Parkplatz ① nach rechts, dem Weg „1" den Berg hinauf folgen. In Thekhaus ② links 1 km auf der Verkehrsstraße bis Bahnübergang ③. Fußweg bis Schutzhütte ④, links abbiegen, talabwärts an Schild „Wildgehege" vorbei, Schwellentreppe. An der Düssel ⑤ entlang flußaufwärts, in Steeg Düssel überqueren. Von „Haus Wanderklub" ⑥ an der Düssel entlang auf dem Weg „3" zum Neandertal-Museum ⑦.

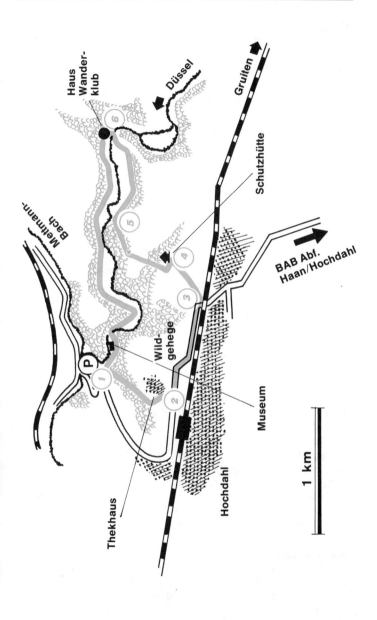

Tippeltour 4:

Am Wasserloch
Seiner Majestät

Die Straße in *Hunswinkel* heißt „*Überm See*" gleich da, wo wir parken; und was gibt es da über dem See?

Mitten im Hang eine Kirche in leuchtendem Orange, ein wahres „Kirchenschiff", denn sie sieht tatsächlich aus wie der Bug eines Ozeandampfers, der hier aus dem Berg bricht, als hätte er sich verfahren und sei nun auf der Suche nach dem *Biggesee.* Den hätte er dann um ein paar Kilometer nur verpaßt.

An der Straße warnt eine Tafel vor starkem Ausflugsverkehr. Davon ist nichts zu spüren, und bis in den Wald wird uns der sicher nicht verfolgen.

Wir nehmen diesen Weg, der „*Überm See*" heißt; ein *weißer Punkt* stellt sich uns zaghaft als Begleiter vor. Nach wenigen Minuten erreichen wir die Kirche, verlassen die Straße nach links und steigen bergan („*A 2*").

Rechts liegen sorgsam gehäufelte Kartoffeläcker, darüber in der Ferne buntgewürfelt ein Campingplatz. Noch immer steigen wir; am Hang steht ein kleiner Sendemast; der Ginster blüht; wo der Acker endet, beginnt der Wald.

Den Mast haben wir links liegen gelassen, und hier am Waldrand verläßt uns der „*A 2*" nach rechts.

Unser breiterer Weg mit weißem Punkt verläuft halblinks als geschotterter Fahrweg.

Der Waldboden ist mit weichem Gras gepolstert, dazwischen reichlich Blaubeerkissen. 1932 sind die Kumpels aus dem Ruhrgebiet ins Sauerland gefahren zum Blaubeersammeln. Sie hatten Zeit dazu, denn die meisten waren arbeitslos. Dann sind sie wieder heimgefahren, waren satt, aber immer noch arbeitslos, und haben trotzdem nicht Hitler gewählt. „Lieber freß ich Beeren, eh' ich dem meine Stimme gebe!" – Wenn das einer damals wirklich gesagt hätte: über den Mann könnte man eine Lesebuchgeschichte schreiben.

Auf der Höhe erreichen wir eine Wiese im Wald. Ein Teilstück des „*A 2*" zweigt hier nach links ab und folgt dieser Wiese. Wir verlassen hier den breiten Weg und wenden uns gegenüber der Wiese nach rechts. Links haben wir Eichen mit Flechten an den Stämmen, später umgibt uns Fichtenwald. Nach kurzem Stück kreuzen wir einen etwas breiteren Querweg und wandern bei der alten Eiche weiter geradeaus; der weiße Punkt ist kaum noch zu erkennen an den Stämmen, der Weg selber ist aber nicht zu verfehlen. Bei einer Fichtenschonung erreicht der Weg eine Wiese auf der Höhe mit einem einsamen Haus hinter Birken. Hier pfeift der Wind gehörig über die Stoppeln. Ebbegebirge und Sauerland liegen uns zu Füßen, ein harmonischer Teppich aus Wiesen, Wäldern und Wegbändern.

Wir wandern weiter, lassen die Wiese linkerhand liegen, berühren kurz den Wald und wenden uns dann auf dem geschotterten Waldweg jenseits der Wiese nach links. Als wir auch hier das Ende der Wiese erreichen, gabelt sich der Weg; wir halten uns halbrechts, kommen durch eine Fichtenpartie, stoßen gleich auf einen gestreuten Fahrweg und folgen ihm nach rechts. Links liegt in der Senke bei einer Fichtenpflanzung eine grüne Hütte aus Holz.

Gleich darauf überqueren wir ein Wegekreuz und wandern auf unserem bequemen Weg geradeaus. Zur Linken tauchen die Häuser von *Worbscheid* auf. Am nächsten Wegekreuz entdecken wir einen Hinweis auf den *Rundweg* um den Listersee, dessen

An der Listertalsperre

„Ein Katamaran mit knatternden Segeln"

weißer Punkt uns schlecht und recht hierher geführt. Nach links
verläuft ein Teerweg, wir wandern weiter geradeaus, passieren
eine Eisenschranke und kommen durch einen schmalen Riegel
Wald, hinter dem der Weg nach links verläuft und durch die
Äcker führt.

Wo drüben wieder der Wald beginnt, verwöhnt er uns mit Wanderzeichen. Hier gibt es neben dem bekannten Klecks das „A"
des Attendorner Rundwegs und eine *weiße Raute,* der wir uns
nun überlassen. Wir wandern am Hang entlang, ohne an Höhe zu
verlieren. Schließlich geht es durch die Felder und neben der
Straße hinab zur Uferstraße und drüben hinunter zur Sperrmauer.

Vor Jahren gab es da noch ein Café, das ist jetzt weg, und über
seine unsichtbaren Reste ist das sprichwörtliche Gras gewachsen. So nehmen wir gleich den Weg über die Mauerkrone.

Rechts ein mildes Gestade, links eine gähnende Schlucht;
rechts Wasser, links Wasser, dazwischen die Mauer, dreißig Meter dick an der Talsohle, oben noch immer fünf Meter vierzig. Die
Wassermassen, die hier gestaut wurden, haben schon zu Kai-
sers Zeiten die Gegend mit Strom versorgt.

Heute ist die Listersee nur noch ein Vorstaubecken zum Biggesee, aber für das Kaiserreich war er wohl ein Prestigeobjekt. Die
Mauer, 40 Meter hoch und 264 Meter lang, sollte ganz aus Grauwacke errichtet werden. Die Steinindustrie um Hunswinkel war
auf Jahre saniert.

Weniger erfreut waren die Bauern im Listertal, denn sie mußten
mitsamt zweier Dörfer und mehrerer Einzelhöfe umziehen. Sie
wurden, wie es heißt, reichlich entschädigt. Ein besonders bo-
denständiger Bauer siedelte auf der anderen Seite der Staumau-
er. Er konnte 1909 noch nicht wissen, auf was er sich da eingelassen hatte: als um 1960 mit dem Biggesee begonnen wurde, mußte seine Familie Haus und Hof ein zweites Mal verlassen. Mehrere
Ortschaften mußten da verlegt werden. Sie wurden eingeebnet,
daß kein Stein auf dem anderen blieb, und entstanden als Ge-
meinden aus der Retorte wieder neu. Allein acht Industriebetrie-
be, drei Schulen, eine Kirche und zwei Kapellen mußten dem großen Wasser weichen. Ein Friedhof wurde mit Beton versiegelt,
damit den Toten ihre letzte Ruhe blieb.

Nicht jedermann sah ein, warum man dem lieben Gott derart
massiv ins Handwerk pfuschen mußte, und glaubte, die 150 Liter
Wasser, die er statistisch Tag für Tag verbrauchte, seien wohl

„Geräuschloses Hobby"

auch anderweitig zu beschaffen. Doch es ging nicht nur ums Badewasser. Die Stauseen des Sauerlandes dienen in erster Linie dazu, das Ruhrgebiet mit Wasser zu versorgen, vor allem dessen Hauptwasserleitung, die Ruhr. Jeder Tropfen aus der Ruhr wird rund sechsmal genutzt, ehe er bei Duisburg in den Rhein fließt. Allein für die Herstellung von einem Kilogramm Papier werden tausend Liter Wasser verbraucht. Außerdem sorgen die Seen dafür, daß die Ruhr nicht „umkippt", zum biologisch toten Gewässer wird. Als 1959 Dalida sehnsüchtig „Am Tag, als der Regen kam" sang, und der Regen trotzdem nicht kam, da wurden wohl auch angesichts der Dürre die letzten Zweifler überzeugt vom Talsperrenargument Nummer drei: Spare in der Zeit, dann hast du in der Not.

Im Mai 1964 verließ die letzte Eisenbahn den Bahnhof Listernohl, danach wurden die Gleise abmontiert.

Am 4. November 1965 wurde der Abflußstollen im Staudamm geschlossen. Das Wasser begann zu steigen. Bis dahin hatte der See 372 Millionen Mark gekostet.

Burg Schnellenberg bei Attendorn

Am Ende der Mauer halten wir uns rechts. Auf der Uferpromenade des Listersees flanieren die Spaziergänger in der Sonne, die jetzt glitzernd über die Wasserfläche kommt. Ein Angler steht am Rand der Uferböschung und geht seinem geräuchlosen Hobby nach. Ein Netz mit der Beute liegt im Wasser, und damit es nicht wegschwimmt, hat er es an den Pfahl einer Hinweistafel gebunden. Was steht auf dem Schild? „Fischen verboten".

Rund hundert Meter nach der Mauer verlassen wir den schön planierten Weg und folgen der *Raute* und dem „*A*" nach links den Berg hinauf. Oben kreuzen wir einen Querweg und steigen mit unseren Markierungen noch weiter hinauf. Erst am Ende einer kleinen Eichenpartie halten wir uns rechts und bleiben nun fürs erste auf der Höhe.

Nach einem halben Kilometer biegen wir vor einer Scheune links ab, es geht ein Stück talwärts, bis wir nach wenigen Schritten in einer kleinen Senke Häuser entdecken: das Anwesen *Uelhof*. Zwei Gasthäuser stellen den Wanderer vor die Wahl. Wir entscheiden uns für den Gasthof „Stuff", wo man malerisch unter einem großen Kirschbaum sitzen kann. Nach acht Kilometer Tippeln hat man das verdient. Die Schwalben schießen ums Haus, Stare rätschen vom Dachfirst. Dann und wann weht Stallgeruch über den Streuselkuchen. Noch ein westfälisches Pils, dann müssen wir weiter.

Wir bleiben auf dem langen Rücken, vor uns liegt im Tal der Listersee. Ein wenig steigt der Weg dann nach links hinab von der Höhe, bald verläßt uns in einer spitzen Kehre der *Attendorner Weg* nach links, und wir kommen kurz darauf auf dem unmarkierten Teerweg erst nach *Wörmge,* dann zum *Listersee*.

Kleine Segler und Windsurfer kreuzen in der Sonne, einer rutscht immer wieder vom Brett; dazwischen majestätisch ein Katamaran mit knatterndem Segel. Endlich geht es wieder über die Brücke. Wir pflücken einen Strauß Margeriten am Wege. Ein paar Motorradfahrer würzen mit blauem Duft die Luft an der Landstraße nach Hunswinkel. Sonst ist vom „starken Ausflugsverkehr" noch immer nichts zu merken.

Rund um die Listertalsperre

Weglänge: etwa 13 km

Anfahrt:
Autobahn Köln–Olpe bis Abfahrt Gummersbach/Wiehl, B 55
Richtung Olpe: Bergneustadt, Wiedenest, Pernze; in Wegering-
hausen links, über Schreibersdorf nach Hunswinkel zum See.
Oder über A 4 bis Kreuz Olpe, dann Sauerlandlinie Richtung
Meinerzhagen bis Abfahrt Wegeringhausen und weiter wie
beschrieben. Parkmöglichkeiten am Ortseingang von Huns-
winkel; ggf. auch an der Kirche.

Einkehrmöglichkeit:
in Uelhof und am See.

Wanderkarte:
L 4912 Olpe oder „Naturpark Ebbegebirge" 1:50 000.

Wanderweg:
In Hunswinkel ① Straße „Überm See". Bei der Kirche ② links
hinauf (weißer Punkt); am Sendemast vorüber, dann geschotterten Weg halblinks bis zur Waldwiese links; hier gegenüber dem
„A 2" zur Linken nach rechts wenden; breiteren Weg im Wald
überqueren, am Unterrand der Wiese auf der Höhe (links) entlang, am Ende der Wiese links, am nächsten Ende bei der
Gabelung rechts durch Fichtenpartie. Auf breitem Querweg
rechts halten und immer geradeaus (Worbscheid links). Hinter
Eisenschranke nochmals durch Waldpartie, dann links über die
Äcker und schließlich in den Wald (weiße Raute); durch Felder
und neben der Straße zum See hinab ③. Sperrmauer, rechts,
nach 100 m ④ links hinauf (Raute). Auf der Höhe rechts, bei der
Scheune ⑤ links nach Uelhof ⑥. Von hier auf Weg zurück und
schließlich über Fahrstraße durch Wörmge zum See ⑦ und
zurück ①.

Biggetalsperre

Uelhof

Sondern

Listertalsperre

Huns-winkel

P

1 km

Tippeltour 5:

Rechts geht's ab in eine wunderschöne Landschaft

Man könnte es fast eine Entdeckung nennen: Wir fahren auf der B 506 über *Bechen* in Richtung *Wipperfürth*. In *Laudenberg* biegen wir ab nach *Dhünn*. Auf der windungsreichen Straße erreichen wir die Dhünntalsperre. Ein Schild gebietet „Langsam fahren! Trinkwassertalsperre". Der Zusammenhang will sich nicht herstellen. Wir passieren *Halzenberg* und halten uns, ehe wir nach *Dhünn* kommen, bei *Neuenhaus* rechts. Lange müssen wir dem Landsträßchen folgen, bis wir in *Scheidewege* wieder rechts fahren, dann ein weiteres Mal rechts nach *Westhofen*, und in *Westhofer Höhe* ein letztes Mal rechts, ehe wir nach zwei Kilometern den Parkplatz beim *Wirtshaus Grünestraße* erreicht haben. Zuhause, bei der Planung, haben wir uns schon gefragt, warum wir noch nie in *Hückeswagen* gewesen sind. Jetzt, wo wir so ziemlich im Kreis gefahren sind, wissen wir es: es gibt kaum Straßen von Köln nach Hückeswagen.

Was uns dadurch entgangen ist, wissen wir erst, nachdem wir knapp zehn Kilometer gewandert sind: die Landschaft hier stellt alles in den Schatten, was man bisher vom Bergischen Land gesehen hat.

Dem Nachbarauto entsteigt ein Spitz, der mir sogleich ans Bein will. Sein Herrchen, ein älterer Herr aus der Solinger Kante, der jedem zweiten Halbsatz ein schmatzendes „ja" anhängt, versucht zu erklären, daß der Spitz Trixi das keineswegs persönlich und schon gar nicht böse meint: „Der will nur spielen, ja."

Auf einer großen Wegetafel sind die Wanderstrecken bunt markiert, auch der *Rundweg „A3"*, für den wir uns schon zuhause entschieden haben.

Der Weg fällt sacht ab in lichten Mischwald. Ein kleiner Wasserlauf zieht, grün gesäumt, durch den braunen Nadelboden. Nach wenigen Minuten schimmern helle Wiesen durch den Waldgürtel rechts des Weges, dahinter wieder Wald. Farn und Blaubeerkraut, verblühter Fingerhut und niedrige Brombeerhecken begleiten uns. Nur hier und da ist der Wald in sägewerkfreundlicher Monokultur aufgeforstet, meist ist er im Naturzustand verblieben. Der Wind, der die Wipfel der Bäume neigt, treibt auch die Wolken im raschen Wechsel über den Himmel, so daß immer wie-

der die Sonne durchbrechen kann, um die Landschaft nach Licht
und Schatten zu gliedern.

Wo wir den glucksenden Bach kreuzen, tritt der Wald zurück und
macht fetten Wiesen Platz. Ein schweres Pferd mit blonder Mäh-
ne steht regungslos in der Sonne und schüttelt nur dann und
wann unwirsch die Fliegen aus den Augenwinkeln. Auf einmal
spitzt es die Ohren. Von der gegenüberliegenden Waldseite
kommen zwei Kinder auf ungesattelten Gäulen angetrabt, gleiten
flink von den massigen Leibern, streifen den beiden Tieren die
Zügel vom Kopf und schicken die Pferde dann mit einem Klaps
auf die Koppel, wo sie einander mit freudigem Schnauben begrüßen.

Eine Zeitlang folgen wir dem breiten Bachtal, dann steigt der Weg
an, bis wir weit unter uns die besonnte Au liegen haben. Die herrliche Landschaft ist wie gemacht zum Tippeln, aber nicht nur das.
Eine mehrköpfige Familie hat einen ganzen Spankorb randvoll
mit schwarzglänzenden Brombeeren geerntet. Von jetzt ab halten wir auch die Augen offen, aber sie haben uns nur die kleinen
grünen Beeren gelassen, die noch etliche Tage reifen müssen.

Wir stoßen auf eine Straße, der wir in Serpentinen ins Tal folgen.
Wir erreichen das Örtchen *Purd* und sind enttäuscht. Kein Gar-
tenlokal, keine Schankwirtschaft, also auch keine Pause.

Gasthaus Grünestraße

Der Weg führt quer durchs Tal und steigt auf der anderen Seite wieder steil an. Vor unseren Füßen erstreckt sich *„die Mul"*, die malerisch bewaldete Tallandschaft, durch die wir gekommen sind.
Eine Weile sind wir schon wieder im Wald, da raschelt es im Gebüsch, und wir entdecken ein Huhn, das mit Eifer scharrt und keineswegs gackernd davonstürzt. Zu dem Huhn gehört ein Hahn, den wir auch bald entdecken, zu dem Hahn ein dampfender Misthaufen und schließlich ein ganzer Bauernhof, der hier alleine am Waldrand liegt. Die Kühe hier scheren sich wenig um den schönen Ausblick, sie rupfen stattdessen geräuschvoll ihr Gras.

Jetzt haben wir die asphaltierte Höhenstraße erreicht, die uns einmal zurück zum Ausgangspunkt bringen soll.
Niederburghof ist offenbar zu klein, um dort gewinnbringend ein Lokal zu führen, nur eine Handvoll Fachwerkhäuser hinter schützenden Bäumen; aber auch in *Oberburghof* sitzen die Leute in Hemdsärmeln im Garten und trinken ihr eigenes Bier. Drei Frauen haben ihre Küchenstühle vor das Haus gerückt und tauschen Neuigkeiten aus.
Ich frage sie, warum die Mul die Mul heißt. Die drei blicken sich ratlos an. Solange sie denken können, heißt die Mul schon die Mul – aber warum? „Der Bach da unten heißt die Mul", sagt die eine, ist aber mit der Antwort wohl selber nicht zufrieden, denn warum heißt der Bach die Mul? Die älteste kennt einen, der kennt

die Lösung: „Karl-Heinz, der könnt Ihnen das sagen; aber der ist bei den Fischen." „Karl-Heinz, das ist mein Mann, der füttert die Forellen", erklärt die dritte. „Ob der das weiß?" – Wir werden es nie erfahren, denn wir bedanken uns und tippeln weiter.

Nach einem knappen Kilometer hat der Wald die Höhe erreicht. Bei dem Flecken *Arnsberg* verlassen wir die Straße, ein Pfad führt links durch Buschwerk und Laubwald. In *Neuenholte* stoßen wir auf die Straße, die zurück nach *Grünestraße* führt. Über uns brummt ein kleines Motorflugzeug, das einen Segelflieger schleppt. Neuenholte, soweit man es erkennen kann, besteht aus dem Allernotwendigsten: dem Spritzenhaus der Feuerwehr und einer Gaststätte, die, wie immer auf dem Land, am Sonntagnachmittag gut gefüllt ist.

Zwischen Aprikosenkuchen und Kaffee fragen wir wieder nach der Mul. Der Wirt kratzt sich am Kinn. „Tja, die Mul, das ist der Bach da unten. Das heißt, früher schrieb der sich ja noch die Mol. Das sagen jedenfalls die alten Leute, die von hier sind." Dann ruft die Kundschaft, der Wirt muß weg.

Eins bleibt uns immerhin: Wir haben die Mul gesehen, eine der schönsten Landschaften im Bergischen – und einen Bach, der schreiben kann.

Durch die „Mul" bei Hückeswagen

Weglänge: etwa 9 km

Anfahrt:
B 506 über Bechen bis Laudenberg, dort Richtung Dhünn über Halzenberg bis Neuenhaus; dort rechts bis Scheidewege, dort wieder rechts nach Westhofen. In Westhofer Höhe ein letztes Mal rechts: Parkplatz nach 2 Kilometern am Wirtshaus Grünestraße (gesamte Fahrstrecke hin und zurück ca. 80 km).
Oder: Autobahn Köln–Dortmund bis Burg/Wermelskirchen. Über B 51 durch Wermelskirchen, hinter dem Ort auf die B 237 Richtung Hückeswagen. Über Bergisch Born nach Kammerforster Höhe. Dort nach rechts und erste Straße links zum Parkplatz.

Einkehrmöglichkeiten:
in Grünestraße und Neuenholte. Viele Gelegenheiten in Hückeswagen.

Wanderkarte:
Hückeswagen 1 : 25 000 oder L 4908 Solingen.

Wanderweg:
Vom Parkplatz ① auf dem Rundweg „A3" am Bach entlang durch Wald, Bach überqueren. Durch Wiesen bis zur Straße, auf dieser talabwärts nach Purd ②. Nun quer durch's Tal wieder bergaufwärts, an Bauernhof vorbei zur asphaltierten Höhenstraße ③. Niederburghof. Oberburghof, Arnsberg. Hier von der Straße links auf Pfad wechseln ④. In Neuenholte auf die Straße ⑤ zum Wirtshaus Grünestraße (Parkplatz).

Lohnenswert ist ein Abstecher nach Hückeswagen.

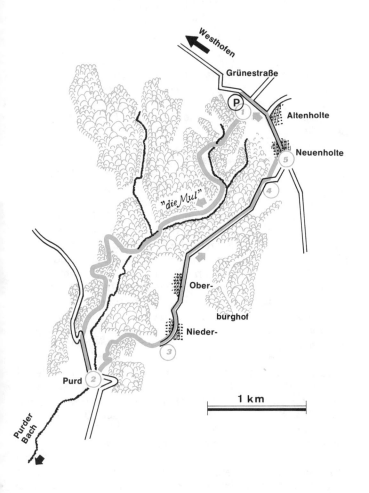

Tippeltour 6:

Der Puls klettert mit am „Langen Berg"

Wir sind nicht die einzigen, die an diesem Morgen aus dem Kölner Raum ins Oberbergische fahren, aber anders als die meisten Autos um uns her trägt unseres keinen Gepäckständer und keine Skihalterungen auf dem Dach. Unser Ziel sind nicht die Pisten und Loipen um *Marienheide*, sondern die ruhigeren Wege daneben.

Wir verlassen die *Autobahn Olpe* bei *Gummersbach/Wiehl*, folgen der Ausbaustrecke nach *Gummersbach/Marienheide* auf hohen Stelzen über das *Aggertal*, streifen *Gummersbach* nur am Rande, lassen *Kotthausen*, *Kalsbach* und *Rodt* am Wegesrand liegen und erreichen endlich *Müllenbach*, unser Ziel.

Schilder weisen auf das Skigebiet, andere sind vorsorglich an den Hausecken angebracht, um den Rückreiseverkehr zu ordnen, aber der Ort wirkt dennoch ruhig. Wir fragen uns nach der Kirche durch und stellen den Wagen gegenüber auf dem *Parkplatz „Eichelkamp"* ab. Auch hier ist es ruhig, die Kirche duckt sich unter ihrer dicken, glitzernden Haube in die dicht verschneiten Tännchen, nur wenige Autos rollen knirschend vorbei, als wir uns fertigmachen. Alle Knöpfe zu, die Mütze über die Ohren, erste Gehversuche in den neuen Stiefeln, und dann die erste Panne: Der Flachmann! Wohlgefüllt mit edlem Weinbrand steht er, nagelneu, silbrig blinkend und noch duftend nach Leder, zu Hause auf dem Schreibtisch, wo er keinem nützt. Natürlich wissen wir auch, daß Cognac nicht wirklich wärmt, außerdem wird man als Autofahrer ohnehin nur einen symbolischen Schluck tun, aber gemütlich kann auch ein symbolischer Schluck aus einem rundgereichten Fingerhut sein.

An der Wegetafel orientieren wir uns. Fürs erste folgen wir dem *Rundweg „A 4"*, der auf der anderen Straßenseite beginnt, nach *Dahl*. Zwei Pferde stehen, eingehüllt in ihren Atemdampf, am Gatter und erwarten schnaubend die vermummten Gestalten, die da durch den Wald kommen.

Bald entdecken wir eine Futterkrippe, randvoll gestopf mit trockenem Heu. Ringsum ist der Boden von zierlichen Hufen zertreten, die Spuren führen sternförmig in den Wald. Nachts muß hier ein schönes Gedränge herrschen, wenn die Rehe aus dem tiefen

Unterholz kommen, die Hasen oder Kaninchen in kurzen Sprüngen heranhoppeln, und wer weiß, wer hier noch alles futtert? Jetzt, im hellen Schein der tiefstehenden Sonne, sind nur die Spuren des Gelages auszumachen; aber der Winter geht nicht nur hart mit den Tieren des Waldes um: er läßt es auch früh dunkel werden, so daß auch ein scheues Reh rechtzeitig an sein Futter kommt.

Als sich der Weg ins Tal senkt, riecht es mit einemmal streng und warm nach Stall und Dung und Kühen. Am gegenüberliegenden freien Hang entdecken wir bunte Bewegung, und als wir die wenigen Häuser von *Dahl* erreicht haben, liegt der ganze Skihang breit vor uns, über den die Läufer in eleganten Bögen zu Tal schießen – mehr oder weniger. Unten wartet eine Menschenschlange vor dem Skilift. Heinz Mägerleins berühmter Satz macht die Runde: „Tausende standen an den Hängen und Pisten." Tausende sind es nicht, aber Hunderte dürften es schon sein. Die Häuser sind von abgestellten Skiern umsteckt.

In der klaren Luft ist auf einmal ein Duft von Fritten oder Currywurst, und richtig, vor dem Skilift steht, gut postiert, eine Bude und dampft mächtig aus allen Rohren.

Kirche von Müllenbach

Wir folgen der Straße ins Tal, das Bächlein nebenan hat sich von Väterchen Frost Fransen aus Eis ans Ufer häkeln lassen. Im Tal erreichen wir am *Parkplatz „Dahlerbrücke"* die Autostraße, die von *Dannenberg* nach *Becke* führt, vielmehr führen sollte, denn jetzt ist sie gesperrt: von hier bis hinauf nach Dannenberg liegt sie unter festem Schnee. Ein Hoch den Stadtvätern von Marienheide, die den Autofahrern einen Umweg zumuten, aber dafür eine Rodelbahn gewonnen haben!

Wir vergleichen unsere Karte mit der Wegetafel: von nun ab folgen wir dem *Weg „A 3"*, der uns zum *Unnenberg* bringen soll. Es geht über einen Bach, dann links und nach etwa hundert Metern rechts bergauf. Der Weg ist zunächst kaum als Weg zu erkennen, völlig vergletschert, so daß wir uns hart am Rand halten müssen. Unten waren wir auf 290 Meter Höhe, der Unnenberg hat 506: die 216 Meter dazwischen werden uns sauer. Die Steigung will nicht enden, und mit uns klettert der Puls. Zwischendurch entdecken wir das Zeichen „A 3", wir sind also auf dem rechten Weg. *„Langer Berg"* heißt der Rücken, den wir erklimmen.

In den Wäldern schimmern die Schneeschatten bläulich, aber endlich kündigt sich die Höhe an mit goldgelbem Sonnenlicht auf den Mützen der Tannen.

Wir stoßen auf den *Wanderweg 11,* der durch ein *„X"* markiert ist, und erreichen die freie Höhe. Vor uns erstreckt sich das ganze Oberbergische Land, in der Ferne die Hochhäuser, das muß *Bergneustadt* sein, da vorne, hinter den Zäunen, liegt *Unnenberg*.

Rauch steigt senkrecht aus den Schornsteinen, da gibt es Menschen, und wo es Menschen gibt, gibt es eine Gastwirtschaft und alles, was dazugehört. Aber eine Gastwirtschaft soll es auch auf dem Unnenberg geben, also tippeln wir weiter, wenden uns nach links, in den Wald, der Bergspitze entgegen. Die Zweige links und rechts neigen sich unter ihrer Schneelast tief in den Weg. Als wir uns wieder aufrichten, sehen wir den *Unnenbergturm* und die „Turmgaststätte" und sehen die heruntergelassenen Rolläden. Ein Bild des Jammers. Auch der eiserne Aussichtsturm ist verschlossen und muß seinen unten annoncierten Weitblick heute alleine genießen.

Ein paar Meisen hüpfen vorwitzig auf den Holzbänken herum, wo eine treusorgende Hand den Schnee beiseite gewischt und Sonnenblumenkörner gestreut hat. Die haben zu futtern, und wir haben den Flachmann vergessen.

Über die Straße verlassen wir die ungastliche Stätte, sehen bald rechts unter uns die verschneite Eisfläche der *Genkeltalsperre* und erreichen den Parkplatz „Am Unnenberg". Hier verlassen wir den Rundweg „A 3", der ohne Umschweife nach Müllenbach führen soll, und folgen dem Wanderweg „3", der auch durch ein Kreuz („X") gekennzeichnet ist.

Es ist eher eine Loipe als ein Wanderweg, auf was wir uns da eingelassen haben. Kaum Trittspuren, nur schmale Bahnen. Ein paar betagte Skilangläufer schnüren an uns vorbei. Der trockene Schnee knirscht bei jedem Schritt, bei leichtem Wind weht er in langen Fahnen glitzernd von den Ästen.

Bald hören wir Stimmen, Lachen, Warnrufe: Vor uns liegt die Rodelbahn, deren Ende wir unten gesehen haben. Kinder mit ihren Vätern fahren zu Tal mit ängstlichem Lachen, Jugendliche koppeln ihre Schlitten zu langen Zügen zusammen und schlängeln sich den Berg hinunter. Ein Campingwagen steht abseits, vor dem dick vermummte Figuren heißen Tee, Glühwein und warme Würstchen feilbieten. Wir zügeln unseren Appetit ein letztes Mal, wie wir denken, denn wir wollen oben in Dannenberg einkehren.

Aber Dannenberg, das Rodelzentrum im Oberbergischen Land, wo auf der Höhe zig Dutzend Autos parken, die die Wintergäste von weither gebracht haben, dieses Dannenberg hat nur ein Lokal, das „Blockhaus", und das, als wir es endlich hinterm Ort finden, ist verriegelt und verrammelt. Wieder nichts. Jetzt nur nicht an den Flachmann denken!

Im Grunde ist soviel offensichtliche geschäftliche Naivität sympathisch, aber im Augenblick haben wir Durst und Appetit auf eine heiße Suppe. Den ganzen gastronomischen Rahm der gut zwei Kilometer langen Rodelbahn schöpft offenbar die Glühweinbude an der Piste ab.

Neben dem Haus Nr. 40 an der „Unnenberger Straße", wo die Straße oder Rodelbahn nach Gummersbach und Becke abzweigt, nehmen wir den gesperrten Fahrweg in den Wald und nach Süden, der uns rechts am Bergrücken vorbeiführt, bleiben so – uns immer rechts haltend – am Hang und kommen in sanfter Linksdrehung gemächlich talwärts. Die Sonne gerät uns immer mehr in den Rücken, und endlich hören wir wieder den Lärm der Rodelbahn. Ihr folgen wir bis zur Dahlerbrücke, steigen die Straße hinauf nach Dahl, wo die Skifahrer noch immer den Hang hinauf- und hinabgleiten, und biegen dann in den Weg „A 4" ein, mit dem heute morgen alles angefangen hat. Aber diesmal folgen wir ihm auf der anderen, der rechten Straßenseite. So erreichen wir den Parkplatz.

Vom Müllenbach zum Unnenberg im Oberbergischen

Weglänge: knapp 10 km

Anfahrt:
Autobahn Köln–Olpe bis Gummersbach/Wiehl, Straße nach Marienheide (gesamte Fahrstrecke hin und zurück ca. 110 km). Parkplatz „Eickelkamp" an der Kirche von Müllenbach.

Einkehrmöglichkeiten:
Am Weg in Unnenberg, „Turmgaststätte" und in Müllenbach.

Wanderkarte:
L 4910 Gummersbach.

Wanderweg:
① Auf Rundweg „A4" nach Dahl ②. Dort Straße talwärts, im Tal am Parkplatz Dahlerbrücke ③ auf den Weg „A3". Bach überqueren, dann links, nach ca. 100 m rechts ④ bergauf. Zur Höhe ⑤. Links in den Wald zum Unnenbergturm ⑥. Auf Straße zum Parkplatz „Am Unnenberg". Hier den „A3" verlassen und auf „3" (mit „X" markiert) wechseln ⑦. Nach Dannenberg ⑧. Dort ⑨ nach Süden wenden, rechts am Bergrücken vorbei, 2 × rechts halten. Talwärts ⑩ bis Dahlerbrücke ③, Straße hinauf nach Dahl ②, zurück zum Parkplatz auf Weg „A4" ①.

In Dahl ist das „Historische Bauernhaus Dahl" zu besichtigen: dienstags von 9–12, samstags von 14–18 Uhr geöffnet.
Der Turm auf dem Unnenberg und die Turmgaststätte sind dienstags geschlossen. Turmbesteigung 1,– DM.

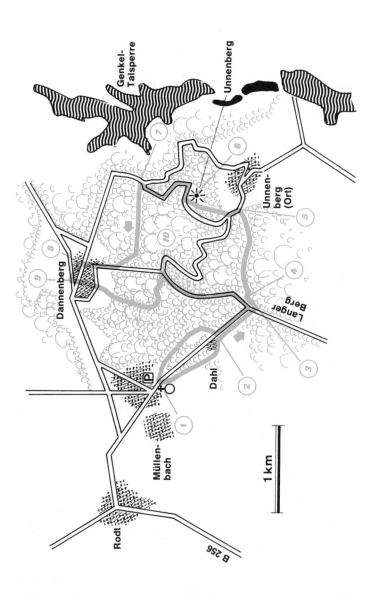

Tippeltour 7:

Im Ahnensaal bei Adam, Eva und Kaiser Wilhelm

Einstmals war *Burg an der Wupper* berühmt wegen seiner Brezeln. Prall und üppig geformt lockten sie die Kundschaft in die Kaffeehäuser, und der Kleinste der Familie bekam die goldene Brezel dann an einem Faden um den Hals gehängt. Neuerdings gibt es die doppelten Rundungen auch nebenan zu sehen: In *Unterburg* hat eine Oben-Ohne-Bar aufgemacht. Die Brezeln, die es hier womöglich zu bewundern gibt, dürften allerdings kaum jugendfrei sein.

Die Attraktion für den bergischen Jet-Set entdecken wir, als wir zwischen *Oberburg* und *Unterburg* hin- und herpendeln, um einen guten Startplatz für die Tippeltour auszukundschaften.

Schließlich lassen wir den Wagen oben vor der Burg stehen, knöpfen den Mantel schleunigst zu, denn hier in 180 Meter Höhe pfeift es gehörig, und betreten die Burg durch das Grabentor und das Innentor. Der wehrhafte Bau aus grob behauenen Felsteinquadern macht ganz den Eindruck, als hätte er die Jahrhunderte im Dornröschenschlaf überdauert, aber der Eindruck täuscht: die feudalen Gemäuer sind nicht älter als die Bürgerbauten am Volksgarten zu Köln. Erst gegen Ende des vergangenen Jahrhunderts hat man begonnen, die arg ramponierte Ruine über der Wupper wieder herzurichten. Einen Kaiser hatte man nach 70/71 wieder, ein Reich gottlob auch, da fehlten zum Glück nur noch die Burgen aus dem Mittelalter. Was lag näher, als einen Verein zu gründen, wie sich das gehört, und die alte Burg wiedererstehen zu lassen.

Ein halbes Jahrhundert vorher noch hatten die Preußen – nach dem Wiener Kongreß die neuen Herren im alten Großherzogtum Berg – alles darangesetzt, sich in Burg und um Burg herum unbeliebt zu machen: Die bauten sich nämlich 1848 in Elberfeld gerade ihr Landgerichtsgebäude und besorgten sich die Steine, die sie brauchten, indem sie kurzerhand das Dach von Schloß Burg abbrechen ließen. So baut man Ruinen.

Durch das Zwingertor hindurch sehen wir hoch zu Roß *Graf Engelbert II.* auf seinem Sockel, als Graf von Berg Miterbauer der Burg, als heiliger Engelbert Namenspatron von Legionen von „Engelbäts" im Kölner Raum. Engelbert ist schon von seinem

Zeitgenossen *Caesarius von Heisterbach* zum Heiligen erklärt
worden, denn erstens war er Erzbischof von Köln, und zweitens
fiel er einem Meuchelmord zum Opfer. Im Rittersaal im Palas der
Burg ist sein Tod als leuchtendes Menetekel an die Wand gemalt,
aber das wissen wir jetzt noch nicht, denn wir heben uns den Besuch der Burg für später auf und beginnen unseren Rundweg.

Fürs erste folgen wir dem Zeichen „*A 1*" vorbei an der „Schönen
Aussicht" und am „Rittersturz", unterqueren den Sessellift, der
die neunzig Meter Höhenunterschied bis *Unterburg* überbrückt,
und steigen in steilen Kehren bergab durch den Wald. Am Ortsrand halten wir uns links, auf die *Wupper* zu. Die „*Schloßbergstraße*" führt durch altes bergisches Fachwerk mit schieferge-
schützten Giebeln bis zur *Hauptstraße*. Hier überqueren wir den
Eschbach, kurz bevor er in die Wupper mündet, kreuzen die Straße und folgen der „*Müngstener Straße*" geradeaus. Kurz vor der
Kirche verlassen wir die Straße und steigen rechterhand die
„Lehmkuhle" bergauf. Auch hier haben die Häuschen ihren bergischen Charme, weißlackierte Fensterrahmen und grüne Läden.
Oben überqueren wir an einer grünweißen Eisenschranke die
Straße und folgen nun fortan dem „*Klingenpfad*", der mit einem
großen „*S*" markiert ist. Nach wenigen Schritten stehen wir am
Südhang des Berges und haben vor uns, auf der nächsten Hügel-
kette, die Burg wieder liegen.

Der Palas und der runde Batterieturm sind zu erkennen, überragt
vom mächtigen Bergfried. „So waren die Männer der eisernen

Innenhof von Schloß Burg

Zeit/ im Thale da wollte es keinem behagen./ Drum haben auf Höhen, von Winden umdräut,/ sie Burgen und Häuser sich aufgeschlagen." Mit diesen naiven Versen will uns das Wandbild im Rittersaal der Burg weismachen, die alten Rittersleut' hätten sich aus purem Jux hinter die dicken Mauern und auf die zugigsten Berggipfel zurückgezogen, quasi als Vorboten der modernen Stadtflucht. Der Weg führt durch einen Wald von entlaubten, schmalen Eichen, zwischen denen großflächige Stechpalmenbüsche für etwas Grün sorgen.

In einer Kurve, an einem Birkenstück, verlassen wir den Hauptweg und steigen, dem „S" folgend, auf einem schmalen Pfad bergab. Wir überqueren die Straße und den *Eschbach* an der alten Schmiede „*Luhnshammer*". Zwei große Hunde springen immer wieder böse bellend den Zaun an, erst als wir näherkommen, drücken sie sich schwanzwedelnd gegen den Maschendraht und apportieren freudig kleine Knüppel, die wir über den Zaun werfen.

Der Weg führt uns den Eschbach entlang bis zu einer Fabrik, wo wir uns halblinks halten. Von nun an orientieren wir uns an dem *weißen Kreuz* der *Hauptwanderstrecke „19"*. Hinter einer grünweißen Eisenschranke beginnt der Weg sacht den Aufstieg, wird allmählich steiler und windet sich schließlich in engen Kehren durch den Tannenwald, bis wir oben auf einen größeren Weg stoßen. Durch das dürre Geäst der Büsche und Bäume hebt sich vor uns die Silhouette der Burg ab.

Am Waldrand folgen wir dem Kreuz über eine kleine, abfallende Wiese, passieren ein bemoostes Kriegerdenkmal und erreichen die Straße kurz vor der Burg.

Da wir nach einem flüchtigen Frühstück zu Hause aufgebrochen sind und da uns das Museum nicht davonlaufen kann, kehren wir erst einmal zur Mittagsrast in die Schloßgaststätte ein. Der Saal im ersten Stockwerk des Palas ist mit bleiverglasten hohen Fenstern, Holzvertäfelung, Jagdtrophäen und Balkendecke ansprechend ausgestattet. Das Essen ist nicht ganz billig, und die Gespräche um uns her handeln auch nur von teuren Dingen wie Reisen und Treibjagden.

Den Besuch des Museums haben wir uns bis zum Schluß aufgehoben, so daß wir jetzt in Muße durch die bunt bemalten Säle schlendern können. Der Ahnensaal derer von Berg versammelt allerhand Prominenz von Adam und Eva bis Wilhelm II. Die Geschlechterfolge der bergischen Fürsten ist schwer zu durchschauen, weil der letzte männliche Sproß jener schon bekannte

Engelbert war. Nach ihm orientierte man sich stets an den Heiraten der Erbtöchter. Im Rittersaal ist dargestellt, wie solch eine politische Zweckehe angebahnt wurde: gezeigt wird die Verlobung der *Maria von Jülich-Berg* mit *Johann von Kleve*. Die glücklichen Brautleute sitzen zu zweit auf einem Thron und lassen die Beine baumeln. Bis zum Boden reichen die Füßchen noch nicht ganz, denn die Braut ist gerade fünf, ihr Verlobter standesgemäß ein Jahr älter, als ein dicker Bischof die Unmündigen verbindet. Ein Gang durch die Museumsräume wird zu einem Sauseschritt durch die Kulturgeschichte, hieb- und stichfeste Waffen sind ebenso ausgestellt wie bergische Möbel und Standuhren, Steingutzeug und Bartmannskrüge und Kunstwerke aus vielen Epochen. Vor den Folterwerkzeugen stehen die meisten der friedliebenden Ausflügler. Wenn im Mittelalter ein Weib ein schändliches Lästermaul hatte – bei Männern war das im Mittelalter nicht vorgesehen –, dann sagte man ihr das nicht einfach nach, sondern setzte es ihr ins Gesicht. Dazu nahm man eine eiserne Schandmaske mit spitzen Eselsohren und einer beinahe ellenlangen Zunge. Das klingt ziemlich unfreundlich, aber wer weiß, vielleicht konnte man sich hinter dieser Maske auch ganz gut verstecken, und die Klatschbasen in der gaffenden Menge bissen sich womöglich ihre eigenen Lästerzungen ab vor Wut, weil sie nicht erkennen konnten, wer da eigentlich am Pranger stand.

„Das Beschreiben und Beschmieren der Wände ist Beschmutzung fremden Eigentums und wird strafrechtlich verfolgt", steht auf einem Schild geschrieben, und damit sich niemand mit „Kannitverstan" herausreden kann, vielleicht auch, weil man in Burg zu wissen glaubt, woher die größten Schmierfinken kommen, heißt es eine Zeile tiefer: „Niet op de muren schrijven!" – Daneben sind die ehedem weißen Wände rundum vollgekritzelt, aber immerhin lassen die Übeltäter ihren strafrechtlichen Verfolgern eine faire Chance: Beinahe jeder hat sich auf dem Gemäuer mit voller Anschrift verewigt.

und kindt vor feur gewäſſer und
Stur mwindt auff daß es nit mehr mitt
der that Erfahr was es erfahren hat ☐N
20 IUNY ANO 1665 : I·H·A·A·C·P·ET·A·A·

Nach Burg an der Wupper

Weglänge: etwa 6 km

Anfahrt:
Autobahn Köln–Dortmund bis Burg/Wermelskirchen (gesamte Fahrstrecke hin und zurück ca. 90 km). Parkplatz an der Burg.

Einkehrmöglichkeiten:
in Ober- und Unterburg.

Wanderkarte:
Solingen 1 : 25 000 oder L 4908 Solingen.

Wanderweg:
(1) Durch den Außenbezirk der Burg zum Weg „A1", vorbei an der „Schönen Aussicht", am „Rittersturz". Sessellift unterqueren, bergab durch den Wald. Am Ortsrand links Richtung Wupper. Über Schloßbergstraße zur Hauptstraße (2). Eschbach überqueren, Straße kreuzen, auf der Mungstener Straße geradeaus. Kurz vor der Kirche von der Straße rechts in „Lehmkuhle" einbiegen (3). Oben an grünweißer Eisenschranke Straße überqueren (4), weiter auf „Klingenpfad" (mit „S" markiert). Blick auf die Burg. In einer Kurve Hauptweg verlassen, der Markierung „S" nach bergab (5). Straße und Eschbach an Schmiede Luhnskammer überqueren. Am Eschbach entlang, bei Fabrik halblinks weiter auf dem Weg „19" (mit weißem Kreuz markiert). Hinter grünweißer Eisenschranke bergauf, durch Tannenwald, größeren Weg überqueren, der Markierung mit weißem Kreuz nach über Wiese, an Kriegerdenkmal vorbei zur Straße, die zur Burg (1) führt.

Das erste, steile Teilstück des beschriebenen Weges kann man auch mit dem Sessellift bewältigen, der, abgesehen von einer witterungsabhängigen Winterpause, ständig zwischen Ober- und Unterburg verkehrt.
Eintritt ins Burgmuseum DM 2,–; für Familien mit mehr als einem Kind gibt es die Familienkarte für DM 5,–.

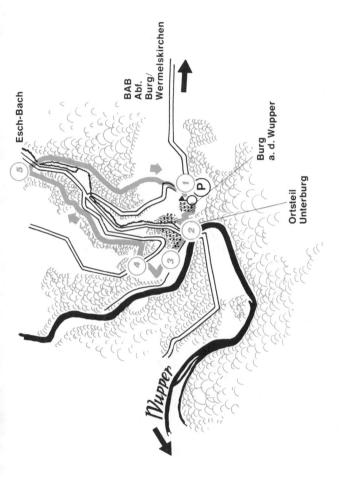

Tippeltour 8:

Zum Berg der Wichte

„Als es ganz dunkel geworden war, kamen die Herren von dem Häuslein, das waren die sieben Zwerge, die in den Bergen nach Erz hackten und gruben. Sie zündeten ihre sieben Lichtlein an, und wie es nun hell im Häuslein ward, sahen sie, daß jemand darin gewesen war, denn es stand nicht alles so in der Ordnung, wie sie es verlassen hatten." – Der Fortgang der Geschichte ist bekannt. Wer aber weiß, was aus Schneewittchen geworden wäre, wenn es sich auf den Lüderich bei Hoffnungsthal verlaufen hätte? Auch dort gab es einst Zwerge, die in den Bergen nach Erz hackten und gruben, aber das waren finstere Wichte, vor denen sich Schneewittchen gewiß mehr hätte vorsehen müssen als vor der bösen Stiefmutter. Heute erinnert nur noch der Name ihres eisernen Berges an die „lüderlichen" Gesellen.

Schon von der Autobahn aus, zwischen *Moitzfeld* und *Untereschbach*, kann man die Grube auf dem Lüderich entdecken. Seit kurzem stehen die Räder still, die Halden wachsen langsam zu, eine ganze Zeche schläft den Dornröschenschlaf.

Wir verlassen die Autobahn nach *Olpe* in *Untereschbach* und fahren durch das *Sülztal* nach *Hoffnungsthal*. Am Ortseingang kreuzen wir den Fluß, erreichen den *„Lindenhof"* und wenige Meter weiter den Parkplatz. Am *„Rothenbacher Weg"*, gegenüber dem „Lindenhof", beginnt unser Weg. Ein verwittertes Holzschild weist uns die Richtung zum Lüderich. Wir folgen dem *Wanderweg „12"* nach links *„Auf dem Rosenberg"*. Hier stößt auch der alte *Wanderweg „K"* (Kölner Weg) dazu. Der Lüderich ist der höchste Gipfel zwischen *Agger* und *Sülz*, der Weg steigt also stetig an. Am Ende der Straße passieren wir – uns links haltend – eine Eisenschranke und kommen in den Wald, der mit zunehmender Höhe näherrückt. Es geht vorbei an dichten Stechpalmenbüschen, einer hellen Wiese, und dann in einen dunklen Nadelwald. Über den breiten Weg „A 2" hinweg folgen wir dem „K" und dem *weißen Winkel,* der den Wanderweg markiert. Immer wieder lassen uns Querwege zögern, aber immer wieder finden wir ein blasses Zeichen am Baum und einmal auch einen dicken Steinklotz, der uns bestätigt, daß wir auf dem rechten Weg sind. Erst kurz vor der Spitze, als der Winkel einen scharfen Rechtsschwenk signalisiert und das „K" nach links weist, verlassen wir die markierten Wege und marschieren geradeaus weiter bergauf.

Ein kurzes Stück nur steigen wir noch durch einen Birkenwald, dann sind wir am Gipfel. Die Landkarte hat uns für den 259 Meter hohen Berg eine „Schöne Aussicht" versprochen, sie hat aber verschwiegen, daß man dazu eine etwa zwanzig Meter hohe Stehleiter mit auf den Lüderich schleppen muß, sonst reicht der Panoramablick nur bis zu den nächsten Bäumen. Gegenüber dem Hochbehälter steht eine Bank; nach dem Aufstieg ist es Zeit für eine Pause und endlich auch Zeit für die Sage vom Lüderich. Vor langen Jahren, als das Wünschen noch geholfen hat, lebte hier oben eine Horde von heimtückischen Zwergen, die heidnischen Frevel trieb. Längst war Deutschland christianisiert, sonntags läuteten im ganzen Tal die Glocken, nur die heidnischen Wichte trotzten der Taufe und verlachten ihre frommen Nachbarn jenseits von Agger und Sülz. Tagsüber gruben sie Stollen in den Erzberg, und feierabends kegelten sie auf dem Lüderich. Doch statt mit Kegeln und Kugeln taten sie's mit Brotlaibern und Pferdeschädeln – wenn sie nicht gerade kleine Kinder raubten, was auch vorkam. Nur einer konnte den garstigen Gnomen beikommen, und das war der liebe Gott persönlich. Er ließ einen schmukken Hirsch auftreten, der die Heiden allesamt in ihren Stollen lockte, und dann ließ er den Eisenberg zusammenstürzen. Da nützte alles Schreien nichts, die Zwerge gingen elendig zugrun-

Hoffnungsthal an der Sülz

de, und aus der Grube floß ein nicht enden wollender Blutstrom
zu Tal, daß es die wackeren Christenmenschen zwischen Rösrath und Immekeppel freuen durfte. Heute noch erinnert der
Ortsteil Rothenbach an das Massaker.

Links an der Bank vorbei führt ein Pfad in den Wald; wir lassen die
Bergkuppe hinter uns und stolpern durch den Wald, bis wir am
Waldrand vor einer großen Farnfläche stehen. Weit vor uns die
Autobahn, halbrechts in der Ferne *Heiligenhaus,* nach einigen
Schritten taucht links, auf dem nächsten Hügel, der Schornstein
der *Lüderich-Zeche* auf. Wir halten uns rechts und wechseln auf
den *Weg „A 2".* Hinter einer Eisenschranke steht links ein einsa-
mes Haus mit Hundezwinger, Hühnergehege und Taubenschlag
und einem Garten, dem man noch ansieht, daß er durch Siedler-
fleiß dem Wald abgerungen wurde.

Wo der *„A 2"* rechts abbiegt, bleiben wir links und erreichen *Blei-
feld.* Auch dieser Ortsname erinnert an das Erzvorkommen im
Lüderich. Vielleicht haben hier früher jene Bergarbeiter gewohnt,
die bäuerlicher Argwohn zu heidnischen Zwergen verkehrt hat.
Heute leben hier vor allem die stadtflüchtigen Kölner in schicken
Bungalows. Wir folgen dem Zeichen in den Ort. Zwei zimtfarbene
Pferde auf einer Koppel unter Apfelbäumen traben erwartungs-
voll zum Zaun, als wir uns nähern. Rechts zweigt die Straße nach
Hoffnungsthal ab, wir bleiben weiter auf der *Höhenstraße,* die uns
über die Felder nach *Breide* führt.

Dort verlassen wir, etwa in der Ortsmitte, hinter einem Weidezaun die Straße nach rechts, folgen dem *weißen Winkel* durch ein
Stück Eichenwald und stoßen in *Durbusch* wieder auf die Straße,
der wir nach rechts folgen, bis uns bald hinter dem *„Durbuscher
Hof"* die Wegmarkierung nach links ins Tal weist. Der Weg ist nun
mit *„A 1"* gekennzeichnet. Es geht durch Felder in einen dichten
Wald. Links unter uns gluckert ein Bach. Wir wechseln auf einen
breiten Weg, der uns schließlich an die *Bahnlinie Overath–Köln*
führt, die nur wenige Meter weiter im Berg verschwindet und erst
vor Hoffnungsthal wieder auftaucht.

Längs der Bahnstrecke führt die Bundesbahn seit längerem einen Kampf gegen die Unbill der Natur. Erst versperrten bei Regen immer wieder Erdrutsche von den Böschungen beiderseits
der Gleise die Schienenspur. Daraufhin wurden Hunderte von
Bäumen gepflanzt, um das Erdreich zu festigen. Die Erde blieb
fortan, wo sie war, aber dafür kippten im Winter die Bäume rei-
henweise auf das Gleis. Prompt wurden sie wieder abgeholzt. Wir
überqueren den Schienenstrang, der Weg führt uns zwischen
dem Bahndamm und Forellenteichen entlang. Hinter einem ein-

zelnen Haus macht er eine sanfte Kehrtwendung und führt uns, langsam ansteigend, wieder in den Wald.

In *Schlehecken* erreichen wir die Straße, wenden uns nach rechts in Richtung *Heiligenhaus/Durbusch*, wandern an Tennisplätzen und Häusern vorüber, lassen die Straße nach Hoffnungsthal links liegen und biegen erst nach dem letzten Haus in *Eigen* nach links von der *Hauptstraße* ab. Die Straße heißt Eigen wie der Ort. Als sie nach etwa 200 Metern leicht nach links abknickt, müssen wir rechts in den Wald und entdecken dort auch den Winkel. Nur der dazugehörige Weg, der *Wanderweg „5"*, ist anfangs als solcher kaum zu erkennen. Hier hat ein harter Winter die Bäume gleich bündelweise geknickt.

An einem einsamen Haus vorbei halten wir uns westwärts, der Weg fällt schließlich in Kehren ins Tal, und wir erreichen die Straße, die uns linkerhand nach *Brünsbach* führt.

In einem Garten wird gerade ein Grillfeuer entfacht; einer bläst in die frische Glut, und vier stehen herum und geben Ratschläge. Vier Paar alte Socken schaukeln an einem Draht, wahrscheinlich sollen sie geräuchert werden. Bei einem gelben Holzpavillon führt uns unser Zeichen halbrechts auf einen Feldweg, und bald stoßen wir wieder auf die Bahnlinie, diesmal auf der anderen Seite des Tunnels. So erreichen wir *Hoffnungsthal* – voll Hoffnung auf ein gutes Abendessen. Nach zwölf Kilometern haben wir das verdient.

Nach Hoffnungsthal zum Lüderich

Weglänge: etwa 12 km

Anfahrt:
Autobahn Köln–Olpe bis Untereschbach, dann Richtung Rösrath bis Ortseingang Hoffnungsthal (gesamte Fahrstrecke hin und zurück ca. 50 km). Parkplatz gegenüber der Esso-Tankstelle.

Einkehrmöglichkeiten:
Bleifeld, Breide, Durbusch und vor allem in Hoffnungsthal.

Wanderkarte:
L 5108 Köln-Mülheim oder Königsforst/Bergisches Land (Gleumes Nr. 3).

Wanderweg:
Vom Parkplatz ① auf Rothenbacher Weg ② Richtung Lüderich, auf Wanderweg „12" nach links einbiegen ③ (Auf dem Rosenberg). Hier stößt der Wanderweg „K" dazu. Es geht bergauf. Am Ende der Straße links halten und Eisenschranke passieren. Durch den Wald. Den „A2" überqueren, auf dem „K" bleiben (mit weißem Winkel markiert). Kurz vor der Spitze, wo sich die Wege gabeln, geradeaus bergauf klettern zum Lüderich ④. Links von Rastbank Waldweg. Rechts in den „A2" einbiegen. In Rechtskurve nach links abbiegen nach Bleifeld ⑤. Straße nach Hoffnungsthal rechts liegen lassen. Auf Höhenstraße nach Breide bleiben. In Breide etwa in Ortsmitte, hinter Weidenzaun Straße nach rechts verlassen ⑥, weißem Winkel folgen durch Eichenwald nach Durbusch ⑦, dort in die Straße nach rechts einbiegen. Hinter „Durbuscherhof" ⑧ auf „A1" links ins Tal über Felder in den Wald. Auf breiten Weg wechseln zur Bahnlinie Overath-Köln. Bahnlinie überqueren ⑨. Zwischen Bahndamm und Forellenteich entlang. Hinter Einzelhaus Kehrtwendung und bergauf in den Wald ⑩. In Schlehecken ⑪ rechts auf die Straße Richtung Heiligenhaus/Durbusch, Straße nach Hoffnungsthal links liegenlassen. Nach dem letzten Haus in Eigen ⑫ links von der Hauptstraße abbiegen. Nach 200 m in leichter Linkskurve rechts halten ⑬. Im Wald auf Markierung mit Winkel (Weg „5") achten. An Einzelhaus vorbei westwärts halten, der Weg führt zum Tal. Bei gelbem Holzpavillon in Feldweg einbiegen ⑭ (markiert), der Bahnlinie entlang nach Hoffnungsthal ①.

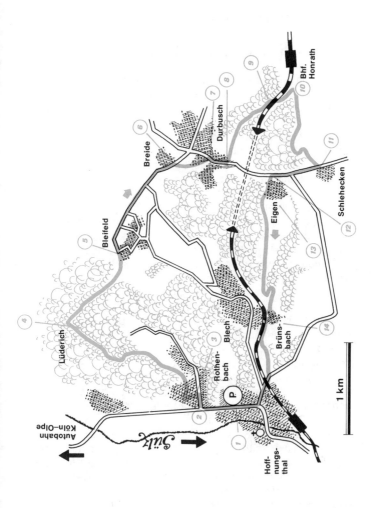

Tippeltour 9:

An Bremen vorbei durchs Bergische Land

Dabringhausen liegt auf halber Strecke zwischen *Grunewald* und *Bremen* – und trotzdem mitten im Bergischen Land. Denn Bremen ist nicht die Freie und Hansestadt, nicht einmal eine geschlossene Ortschaft, sondern nur ein Ortsteil von *Limmringhausen* auf dem Hügelkamm zwischen *Dhünn* und *Eifgenbach*. Und Grunewald ist auch nur ein Name und gehört jetzt als Flecken zu *Wermelskirchen*, ebenso wie *Dabringhausen* im Grunde nicht mehr Dabringhausen ist, sondern *Wermelskirchen 2*. Wir sind über die Landstraße gekommen, also aus *Bergisch Gladbach*, das aber auch längst nicht mehr so heißt, sondern Bergisch Gladbach 2, denn Bergisch Gladbach 1 ist überhaupt nicht Bergisch Gladbach, sondern *Bensberg*. Zum Glück ist die Gebietsreform, die hier das Rechtsrheinische neu verteilt und geordnet hat wie Gott die Welt am ersten Schöpfungstag, selber nur ein Wortungetüm, ein Papiertiger: denn nicht das Gebiet wurde reformiert, sondern nur seine Verwaltung. Die Gegend blieb davon gottlob unberührt. Deshalb ist Dabringhausen noch immer das alte Dabringhausen, und die umliegenden Täler und Höhen gehören noch immer zum Schönsten, was das Bergische Land dem Wanderer zu bieten hat.

Im Zentrum des Ortes, vor der Kirche und gegenüber dem *Gasthof „Sichelschmidt"*, weist ein Schild auf den Parkplatz zur Rechten hin: *„Strandbadstraße 5"* steht am Parkplatz, dort lassen wir den Wagen, verfolgen die „Strandbadstraße" talwärts und verlassen den Ort so nach Süden.

Unten liegt, versteckt in einer Kehre der Straße, die alte *„Coenenmühle"*, die hier seit 1382 gestanden hat, ehe sie vor ein paar Jahren ein eifriger Reformer, der vermutlich einmal das Wort von der Rechtschreibreform aufgeschnappt und falsch verstanden hat, in *„Könenmühle"* umbenannt hat. Heute ist die Mühle ein Gasthaus, in dem vom späten Nachmittag bis Mitternacht runde Pfannkuchen gebacken werden. Hinter dem Anwesen zweigt links die Zufahrt zum beheizten Freibad ab. Auf der anderen Seite der Straße, wo der Mühlbach die Fahrbahn unterquert, stoßen wir am Marktplatz auf den *Weg „A 3"*, dem wir von nun an folgen werden.

Der Weg wird bald schmal, links unter uns plätschert der *Linne-fe-Bach*, rechts über uns erhebt sich der Eichenwald. Hinter dem Bach glänzt grün in der Sonne die Wiese.

Bald haben wir zwei Männer eingeholt, die in Gummistiefeln bedächtig Schritt vor Schritt setzen und dabei den Waldboden beobachten, als wollten sie wer-weiß-was entdecken. Wir schnüffeln: tatsächlich, es riecht nach Pilzen. Die Spankörbe der beiden sind aber leer bis auf ein paar Flaschen Bier. „Was gibt es denn hier für Pilze?", fragten wir, „Morcheln, Maronen, Hallimasch, Steinpilze, auch Pfifferlinge?" – „Alles mögliche", meint der eine, kaum selber überzeugt, denn auch sein Korb ist leer. Dafür hält er sich an sein Bier: „Das sind die besten Pilse".

Bald stoßen wir auf einen Zaun und ein Schild *,,Wupperverband, Kläranlage Dabringhausen"*. Davor steht eine grüne Bank, hier soll man wohl die Aussicht genießen – und bei Gegenwind das Klärwerk, wo in akkuraten Ellipsen die braune Tunke zirkuliert.

Im Wald bietet die Natur ein eigenartiges Schauspiel: die Bäume an der Böschung haben sich zu Dutzenden mit ihren dünnen Stämmen im Bogen zu Boden geneigt. Hat das der Wind vermocht oder der Schnee?

An einer kleinen Brücke verbreitert sich die Wiese; wir bleiben weiter im Schatten des Waldes. Einen halben Kilometer weiter führt der Weg über eine Holzbrücke. Es geht nun eigentlich nach rechts, aber wir steigen die Böschung hinauf, wo oben eine Schutzhütte steht, die noch nach Harz und frisch geschnittenem Holz duftet. An der Hütte halten wir uns rechts auf dem *Weg „8"*, auf den im hohen Buchenwald bald auch der *„A 3"* wieder mündet. Nach einigen Schritten knickt der Hauptweg nach links ab,

Alle Bäume an der Böschung neigen sich im Bogen zu Boden

aber wir gehen geradeaus. Am Waldrand erreichen wir durch einen Durchlaß eine Viehweide, längs deren Zaun unser Weg verläuft.

Am Ende der Wiese steigt der Weg wieder an, Haselnußsträucher
neigen sich über uns, dann erreichen wir zwischen Gärten mit
Birnbäumen *Bremen*.

Wir überqueren die Landstraße von Altenberg nach Hückeswagen, über die wir angefahren sind, und halten uns nach etwa 50
Metern links. Ehe der schmale Teerweg wieder auf die Hauptstraße mündet, führt uns der „A 3" nach rechts an Weiden entlang ins
Tal. Vor uns, am Horizont, zwei Schornsteine, ein Hochhaus: das
muß *Hilgen* sein. Von Schritt zu Schritt wird es schattiger und
kühler. Ein Hinweisschild zeigt uns, wohin uns der Weg führen
würde, wenn wir nur wollten: geradewegs nach *Essen* oder in
den *Wuppertaler Zoo*, umgekehrt ins *Siebengebirge*. Hinter einem dunklen Nadelwald stoßen wir auf eine Wegegabel, wo wir
rechts bleiben müssen. Irgendwo vor uns hören wir den *Eifgenbach*, zu sehen ist er noch nicht. Zwei Gestalten kommen aus
dem Wald, jedem ragt die blanke Klinge eines Küchenmessers
aus der Faust. Die beiden haben beim Pilzesammeln mehr Glück
gehabt, ein paar schöne Steinpilze rollen in den Spankörben um-
her. Dann kommt der Mühlenteich der „Markusmühle", zwei, drei
Goldfische stehen im Wasser und schießen erst davon, als wir
uns nähern.

Der Schankraum im Gasthof „Markusmühle" wirkt alt und was
man so rustikal nennt. Erst auf den zweiten Blick entdeckt man,
daß die Ziegelsteine, das Fachwerk und der Kellenputz dazwischen bloß Tapete sind, selbst die Balken an der Decke sind mit
Folie beklebt. Mit dem Eifgenbach kreuzen wir die Straße und
sind wieder im Wald. Auch hier ist es kühl, die Sonne steht tief
und erreicht nur noch die Spitzen der Bäume auf den gegenüberliegenden Bergen. Allmählich steigt die Böschung an, wir kom-

men immer höher über den Bach, den die letzten Regenfälle schnell gemacht haben. An einer Abzweigung verläßt uns der Weg „29", wir tippeln weiter bachaufwärts, ein weißes Kreuz und eine Raute weisen uns den Weg. Eichenwald und Nadelhölzer wechseln einander ab, dazwischen immer wieder herrliche Ausblicke auf das Tal. So erreichen wir schließlich eine breite Wiese. Am anderen Ende können wir eine Brücke ausmachen und unser Zeichen „A 3". Aber diesen Weg müssen wir jetzt verlassen, denn er führt geradewegs, und über Asphalt, zurück nach Dabringhausen. Ein paar Meter weiter links finden wir die weiße Raute wieder, hier ist unser Weg; ein beherzter Sprung über einen kleinen Bachlauf, und es geht weiter.

Der Lärm von Motorrädern kündigt uns die Straße an, die wir bald erreichen und ein Stück nach rechts verfolgen, bis in einer scharfen Kurve eine Tafel „Rausmühle" ankündigt, das nächste Etappenziel und das dritte Wirtshaus am Wege. Die Mühle entpuppt sich als eine Idylle im Wald. Schafe knabbern vor den Fachwerkhäusern ihr Gras, Gänse fauchen uns aufgeregt an, Enten schnattern. Wagenräder sind an die Hauswand gelehnt, ein alter Pflug, frisch gestrichene Milchkannen, eine Schubkarre mitsamt Mist und Forke und warmer Stallduft verbreiten Gemütlichkeit. Hinter dem Restaurant überqueren wir den Eifgenbach, verlassen damit das Rautensymbol und steigen nach rechts bergan. Auch der neue Weg trägt die Nummer „8", aber er ist jetzt durch einen weißen Winkel markiert. Bald geht es quer durch den Wald steil bergauf, bis wir schließlich oben den Waldfriedhof erreichen. Auf einer Brücke überqueren wir die neue Umgehungsstraße, gelangen in den Ort und endlich wieder zur Kirche.

Im „Sichelschmidt" sitzen die alten Dabringhausener, unter ihnen auch zwei, die einwandfrei sächsisch reden, und schwärmen von den alten Zeiten, als man noch 16 Schnitten Brot mit auf Arbeit nahm und abends erst nach dem vierten Teller Erbsensuppe genug hatte. Dann gehen sie daran, lauthals die Erbfolge für ein offenbar recht begütertes „Trinchen" zu regeln. Ein Mißverständnis gibt das andere, der Landarzt senior wird mit dem Landarzt junior verwechselt, ein Thekensteher stichelt dazu noch gezielt gegen alle Fremden im allgemeinen und die Sachsen im besonderen. Da muß schon eine Runde Apfelkorn her („Dat is wat für de letzte Ölung!"), um den Streit zu schlichten. Ein Alter kommt durch die Tür und hockt sich an den Nachbartisch. „Ich setz mich op de Bank", meint er, „do han ich dr Rügge frei, wann et Klöpperei jit". Es scheint, er kennt seine Pappenheimer.

Rund um Dabringhausen

Weglänge: etwa 9 km

Anfahrt:
Landstraße über Odenthal, Altenberg, oder Autobahn Köln–
Dortmund bis Burscheid, dann über Hilgen nach Dabringhausen
(gesamte Fahrstrecke ca. 80 km). Parkplatz im Zentrum „Strandbadstraße 5".

Einkehrmöglichkeiten:
Könenmühle, Markusmühle, Rausmühle. In Dabringhausen mehrere Möglichkeiten außer Gasthof „Sichelschmidt".

Wanderkarte:
L 4908 Solingen.

Wanderweg:
Vom Parkplatz ① aus die Strandbadstraße ② talwärts. Am Parkplatz der Könenmühle rechts abbiegen auf Weg „A3" ③. Linkerhand verläuft der Linnefe-Bach. Vorbei an Kläranlage Dabringhausen. Hinter Holzbrücke geradeaus die Böschung hinauf ④
zur Schutzhütte (also nicht rechts auf dem Weg weitergehen). An
der Schutzhütte nun auf dem Weg „8" rechts halten, in den später
der Weg „A3" mündet. Nach einigen Schritten, wo der Hauptweg
nach links abknickt, geradeaus weitergehen. Am Waldrand zur
Viehweide gehen, an deren Rand der Weg weiterführt. Am Ende
der Wiese bergaufwärts nach Bremen ⑤. Die Landstraße von Altenberg überqueren, nach etwa 50 m links weiter. Auf „A3" bleiben und an Weiden entlang talwärts ⑥. Hinter Nadelwald auf der
Weggabelung rechts halten. „Markusmühle" ⑦. Straße kreuzen,
hangaufwärts (von Weg „29" trennen) ⑧. Bachaufwärts weiter,
Weg markiert mit weißem Kreuz und Raute. Am Ende einer großen Wiese an der Brücke den „A3" verlassen und ein paar Meter
linkerhand nach der Raute richten: Bach überspringen. Auf der
Fahrstraße ⑨ rechts einbiegen, bis Tafel „Rausmühle" ⑩. Dahinter Bach überqueren, kurz danach bergauf Weg „8" (durch
weißen Winkel markiert). Am Waldfriedhof Brücke überqueren
⑪, zum Ort und Parkplatz ① zurück.

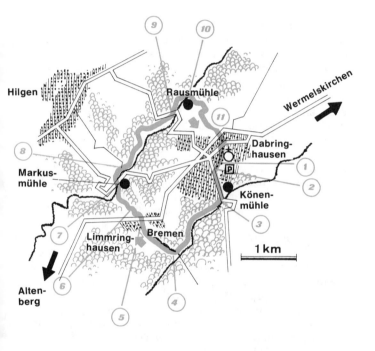

Tippeltour 10:

Wo der Rudi schmirgelt

Der Sage nach war es der Solinger Geselle Severin Simmelpuß, der den Ruhm der berühmten heimischen Schmiedekunst um ein weiteres vermehrte. Der liebte Maria, die Tochter seines Meisters, aber durfte sie nicht haben, denn der Meister hatte sich an den Rand des Ruins gewirtschaftet über langen Versuchen, Damaszener Klingen auch an der Wupper zu schmieden, und suchte dringend einen reichen Schwiegersohn, der einiges an Mitteln in das erfolglose Bemühen investierte. Severin dachte sich, eher als an Geld komm' ich nach Damaskus, und wollte Abschied nehmen von Maria, um im Reich Suleimans I. die begehrte Kunst zu lernen. Das war auf Heiligabend 1561. Er kam nur bis ins Tal der Wupper, wo er auf einen geisterhaften Alten traf, der ihm unter allerlei merkwürdigen Umständen eine Klinge schmiedete, wie man sie härter und biegsamer weder in Solingen noch in Damaskus je gefunden hatte. Da Severin dem Alten das Wunder-Werk nicht lohnen konnte, wollte er sich wenigstens des Namens in Dankbarkeit erinnern können: „Ich heiße", sprach jener, „Johannes Faust." Ob Severin sich bei dem Namen etwas dachte, ist nicht überliefert. Überliefert ist nur noch das Happy End mit Maria.

Klingen haben Solingen berühmt gemacht: Schon im 15. Jahrhundert, als das übrige Bergische Land noch an der Dröppelmina döste und von süßem Reisbrei träumte, war *Solingen* die Waffenschmiede der Nation; und als sich die Preußen später lieber bei Krupp in Essen aufrüsten ließen, stiegen die Solinger Schmiede um auf Taschenmesser, Scheren und Rasierklingen.

„Klingenpfad" heißt denn auch der 65 Kilometer lange Rundweg um die Stadt, und ein Stück davon wollen wir erwandern. Vor der Brücke nach *Glüder* beginnt links der Weg, den wir uns vorgenommen haben. Es geht wupperabwärts, bis nach etwa 250 Metern der *Weg „N"* den *Weg „A 3"* verläßt und den Anstieg auf die Höhe beginnt. Ein einsamer Wanderer mustert abschätzend unsere Ausrüstung, und als er hört, wohin wir noch wollen, meint er: „Das ist ein ganzes Ende, vor allem für die Frauen. Was meinen Sie, warum ich allein gehe?"

So aufgemuntert, entschließen wir uns dennoch für den schöneren, weiteren Weg über die Höhe und steigen bergan. In einer Kehre wird der Weg flacher, das „N" führt uns durch lichten Laub-

wald, zimtfarbenes Farngestrüpp deckt den Boden. Nach einer
starken Viertelstunde erreichen wir so den *Raderhof*. In den warmen Ställen zwitschern Legionen von Spatzen. Im Nordwesten,
weit von hier, liegt *Burg Hohenscheid*, zu der uns der Weg noch
führen soll. Wir folgen der Teerstraße zwischen Wiesen und
Waldrand, noch immer steigt der Weg leicht an. Ehe die Straße
das nächste Waldstück verläßt, führt uns das „*N*" nach rechts.
Zur Linken, hinter der Hügelkuppe, steht der Fernsehmast von
Witzhelden, die dünne Betonspitze verschwindet dann und wann
in Wolkenschwaden.

Mehr als einen Kilometer lang bleiben wir am Waldrand: Rechts
geht es talwärts ins Wasserschutzgebiet, links liegt die Höhe mit
Weidezäunen und dürren Obstbäumen, über die ein kalter Wind
bläst. Manchmal sind in den kahlen Bäumen die Äpfel hängenge-
blieben, da hüpfen dicke Amseln von Ast zu Ast auf der Suche
nach Nahrung. Wir passieren *Wolfstall*, ein eher friedliches Nest,
sieht man vom Namen einmal ab. Noch immer führt uns der Weg,
der hier durch das „*N*" und einen *weißen Kreis* gekennzeichnet
ist, durch welliges Gelände, ohne dabei an Höhe zu verlieren.
Dann stoßen wir auf einen Fahrweg, hinter dem uns ein Holzschild auf den „*Lukasweg*" aufmerksam macht. Zu den vertrauten Zeichen ist jetzt noch ein *weißes Quadrat* gekommen. Nach
einigen Metern talwärts erreichen wir den Lukasweg, den *Wanderweg „19"*, durch ein „*x*" markiert, und halten uns links .

In einer Schneise finden wir eine Schutzhütte am Weg; drüben,
jenseits der *Wupper*, liegt prachtvoll die Burg. Jetzt verläßt uns

Balkhauser Kotten: Museum für technische Kunst

der *Weg „N"* nach links, wir folgen dem „*x*" über einen schmalen
Pfad die Böschung hinunter. Rechts unter uns rauscht die Wupper im Stauwerk. An der Straße entdecken wir das „Landhaus
Wupperhof", das sich jetzt „Spezialitätenrestaurant" nennt und
deshalb erst am Abend öffnet. Wir kreuzen die Wupper und folgen der Straße, vorbei an einer Blechtafel mit Wanderwegen, bergan. Am Haus Nr. 241, neben der Telefonzelle, biegen wir rechts
in den Wald ein, wo es in einem morastigen Hohlweg bergauf
geht. Oben, über der Kuppe mit dem frischen Grün des Winterge-
treides, liegt vor uns in leuchtendem Gelb die Burg.

Der Weg führt zunächst nach links und schwenkt dann auf die
Zinnen zu. Hier sieht die Burg nicht mehr so verlockend aus, her-
ausgeputzt ist nur die Schokoladenseite, die zur Wupper weist.
Ein Teil der alten Anlage wird landwirtschaftlich genutzt, der grö-
ßere Rest war einst ein Hotel, jetzt droht er zu verfallen. Die Auffahrt im Rücken, halten wir uns rechts, verlassen den *Weg „A 2"*,
der uns hierher geführt hat, und steigen durch dunklen Nadelwald ins Tal. Wir halten uns da an ein hufeisenförmiges Zeichen,
das uns schon mehrfach begegnet ist: ein Reitweg, wie Hufspu-
ren und frische Pferdeäpfel beweisen. Den Kegel des Burgbergs
haben wir nun rechts über uns, dunkel steht er gegen die tiefste-
hende Sonne. Im Tal stoßen wir wieder auf den *Weg „A 3"*, der
vom Wupperhof herkommt. Links erreichen wir *Balkhausen*, hinter uns, als romantische Silhouette, die Burg über den Tannen.

Zwei Pferde auf der Koppel traben leichtfüßig auf uns zu, schüt-
teln die Mähnen, reißen dann wie auf ein Kommando die Köpfe
nach rechts und donnern im Galopp auf den Zaun zu, am Zaun
vorbei, die dumpfen Hufschläge gehen ins metallene Klappern
über: Kein Zweifel, die Pferde sind auf der Straße, selber ein wenig verdutzt, traben hin und her, kommen schnaubend auf uns zu,
als hätten sie uns ihre unvermutete Freiheit zu verdanken, kehren
um und sprengen mit klirrenden Hufen durch den Ort und verschwinden zwischen bergischem Fachwerk. Soll man glauben,
daß solcher Auslauf hier üblich ist? Aber da kommt schon die Be-
sitzerin in heller Aufregung, hört, was passiert ist, kehrt zurück
ins Haus und kommt mit einer Schippe Hafer wieder. Da wird
selbst ein Pferd schwach, lammfromm lassen sie sich wieder ein-
sperren.

Am Ende des Orts stoßen wir auf die Straße, halten uns rechts
und entdecken schon hinter der Biegung den *Balkhauser Kotten*
am Ufer der Wupper. Früher gab es viele solcher Kotten im Solinger Land; erst als die Fabriken im Ort rationeller arbeiteten als die

wassergetriebenen Schleifsteine vor der Stadt, verfielen die schönen Fachwerkbauten. Die Armut der Schmirgler aber ging ein in die Sage: Einst lebte hier eine Familie, die war so arm, daß sie sich nur sonntags Reisbrei kochen konnte. Und weil ihr eigener Topf für die vielen Mäuler, die im Lauf der Jahre dazugekommen waren, zu klein geworden war, lieh sich die Hausfrau allwöchentlich den Kessel von den Heinzelmännchen, die in der Nähe ihres Kottens wohnten. Zum Dank blieb immer ein Rest Reis im Topf. Das ging so lange gut, bis ein paar boshafte Solinger sich ebenfalls den Topf einmal borgten, statt des Breis aber einen Haufen in den Kessel setzten: „Das erbitterte", so heißt es in der Sage, „die Heinzelmännchen derart, daß sie die Solinger Einwohner verfluchten und ihnen für alle Zukunft krumme Beine wünschten. Der Fluch ging in Erfüllung. Und seit jener Zeit sind die Solinger krummbeinig."

Den Balkhauser Kotten aus dem 16. Jahrhundert hat die Stadt inzwischen als Museum eingerichtet. Über die Wiesen an der Wupper erreichen wir den prächtigen Fachwerkbau. Die großen Fensterflächen waren notwendig, damit die Schleifer Licht auf der Hand hatten, jetzt geben sie dem weißschwarzen Bau den noblen Charakter eines Landhauses. Hier arbeitet an Wochentagen noch *„Schmirgel-Rudi aus Solingen"*, wie es seit Jahrhunderten hier üblich war. Ein mächtiger Baum ragt als Welle ins Haus, ein fingerstarker Riemen übersetzt die Kraft, die Drehung des Wasserrads im Mühlbach wird im rechten Winkel übersetzt, bis sich im Nebenraum der mannshohe Schleifstein dreht. Davor kauert auf einer Art Rutsche der Schleifer – werktags. Heute, am Sonntag, ist das Museum für technische Kultur nur zu besichtigen. Dafür kann man sonntags auch in den ersten Stock, wo der Bildhauer *Ernst Egon Oslender* wohnt und seine „Fühlsteine" feilbietet.

Runde, weiche Formen hat er aus dem harten, kalten Material gezaubert, eine schwelgerische Skulptur im Treppenhaus, von der wir nicht wissen, ob es ein Kissen ist oder ein üppiger Busen, etwas Weiches ist es auf jeden Fall; Marmorplatten liegen weich wie Filzmatten übereinander; und kleine Steingruppen drehen sich schon bei wenig mehr als einem Lufthauch.

Wir überqueren die Straße und folgen bald dem „A 3" in den Wald an den Hängen des *Pfaffenbergs*. Oben, im Haus der Naturfreunde, schwappt Wärme und Behaglichkeit durch die Tür, wenn man eintritt. In der Diele paarweise Schuhe und Socken. Ein Zimmer haben wir nicht bestellt, es wäre auch keines frei, aber für einen Grog kehren wir doch in der Wohnstube ein, ehe wir uns im Dunkeln an den Abstieg machen.

Zum Balkhauser Kotten

Weglänge: etwa 9 km

Anfahrt:
Autobahn Köln–Dortmund bis Burscheid; über Burscheid nach Witzhelden, dort an der Kirche links, dann rechts Richtung „Solingen über Glüder" (gesamte Fahrstrecke hin und zurück ca. 80 km). Vor der Wupper Parkplatz.

Einkehrmöglichkeiten:
„Haus Feldmann" in Pfaffenberg, Aufstieg über steilen Pfad vom Kotten aus; „Naturfreundehaus"; Landhaus „Wupperhof".

Wanderkarte:
L 4908 Solingen oder Solingen 1 : 25 000.

Wanderweg:
Vor der Brücke nach Glüder links einbiegen ①. Nach ca. 250 m den Weg „N" beibehalten ②. Raderhof ③; nach links. Auf Teerstraße zwischen Wiesen durch Wald. Nach Rechtskurve am Waldrand ④ entlang. Wolfstall ⑤. „Lucasweg" talwärts. Nach einigen Metern am Wanderweg „19" („X") links halten ⑥. Schutzhütte. Weg „N" verlassen, auf „X" weiter. Landhaus Wupperhof ⑦. Wupper kreuzen. Auf der Straße an Blechtafel mit Wanderwegen vorbei bergan. Am Haus 241 ⑧ neben der Telefonzelle rechts in den Wald. Große Linkskurve zur Burg ⑨. Oben Weg „2" verlassen, gleich talwärts ⑩. Der Weg ist durch Hufeisen markiert (Reitweg). Im Tal wieder auf „A3" ⑪, Balkhausen ⑫. Am Ortsende rechts halten zum Balkhauser Kotten ⑬ an der Wupper. Auf dem „A3" zum Haus der Naturfreunde ⑭. Von da bergabwärts zum Parkplatz.

Der Balkhauser Kotten ist werktags von 9–17 Uhr geöffnet, am Wochenende von 10–17 Uhr. Der Steinbildhauer hat inzwischen den Kotten verlassen. Jetzt lebt dort der Künstler und Designer Heinz-Peter Knoop. Seine „Kottenstube" ist samstags und sonntags von 11–16 Uhr geöffnet (Telefon 0 21 22/4 52 36).

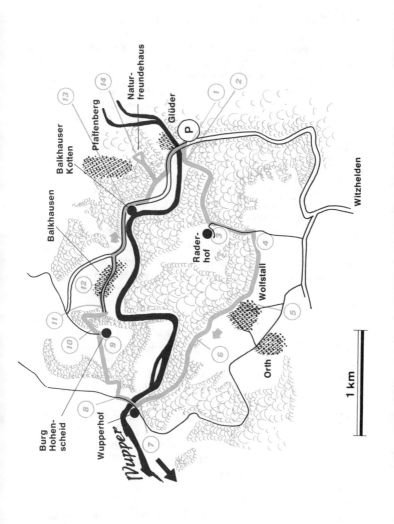

Naturfreundehaus

Glüder

Pfaffenberg

Balkhauser
Kotten

Balkhausen

Raderhof

Wolfstall

Orth

Witzhelden

Burg Hohenscheid

Wupperhof

Wupper

1 km

Tippeltour 11:

Blüten aus Jerusalem

Die Allee verläuft wie mit der Schnur gezogen, und an ihrem Ende liegt *Kloster Knechtsteden*. Die gedrungene romanische Kirche überragt nur zur Hälfte die Bäume und Sträucher im Garten, keine leichte Beute für Fotografen. Durch den Torbogen, vorbei an der Kirche, führt die Einfahrt, der Weg ist auf beiden Seiten mit Platanen gesteppt, links der Klosterfriedhof, rechts die Hauptgebäude.

Hier und da entdecken wir *Markierungen „A 7"*, Hinweise auf einen Spazierweg. Bevor wir uns ihm anvertrauen, hätten wir gerne gewußt, wo er verläuft. Im Eingang zum Missionsmuseum sitzt ein Alter, dem eine Schiffermütze eine gewisse halbamtliche Würde verleiht; den wollen wir fragen. Daß der Arme schwerhörig ist, kann man ihm wirklich nicht ansehen: Jetzt muß ich meine Frage mehrmals wiederholen und die vermeintliche Mittagsruhe der Mönche stören. Endlich versteht er und zeigt uns ein Luftbild des Klosters, auf dem auch die Wege innerhalb der Mauern zu erkennen sind. Fehlanzeige. Ein hilfreicher Bruder aus dem Museum springt ihm bei und ermutigt uns, an der Klosterpforte vorzusprechen.

Über der Tür steht tatsächlich „Pforte" Welche Vorstellungen hatte man nicht von einer Klosterpforte! Hier werden doch dauernd die Findelkinder abgelegt, Verfolgte finden Asyl, Verarmte einen Schlag Suppe. Das liest man alles in romantischen Romanen, und jetzt steht man selber vor der Pforte, weil man den Weg nicht weiß und sucht nach Seilzug und Glöckchen. Was findet man? Einen ganz ordinären Klingelknopf! Der Türdrücker summt, und wir stehen, wo wir den Pförtner vermutet hatten, vor einem verglasten Kommandostand, der manchem Versicherungspalast zur Ehre gereichen würde. Wanderwege? Markierungen hier im Klosterbereich? Der Bruder Pförtner kratzt sich am Kinn. Nein, die hat er noch nie gesehen: „Die sind sicher für die fiesen Sonntage, wenn die vielen Leute hierherkommen." – Heute ist solch ein Sonntag, aber die vielen Leute sind zu Hause geblieben, denn das Wetter gibt sich wechselnd bewölkt mit Schauerneigung.

Er will uns dennoch helfen und führt uns vor eine großkalibrige Autokarte. Er fixiert Krefeld und rutscht dann mit den Augen den Niederrhein hoch. Tatsächlich, hier liegt, ein Punkt auf der Karte,

Kloster Knechtsteden. Mit dem Finger umkreist er den Punkt:
„Hier sind überall Wege." – Wir danken dem Bruder Empfangs-
chef für seine Hilfe und folgen fürs erste der eigenen Nase.
Draußen schwankt das Wetter zwischen „unbeständig" und „ver-
änderlich". Es könnte Regen geben. Im Wagen liegt der Schirm,
aber hat die Welt schon mal einen Wanderer mit Stockschirm gesehen? Mutig überlassen wir uns dem rätselhaften „A 7" und ziehen los.
So war es vor Jahren beim ersten Ausflug nach *Knechtsteden.* Zu
der Allee der Anfahrt ist inzwischen eine *Umgehungsstraße* hin-
zugekommen, aber sonst hat sich hier kaum etwas verändert –
auch der Weg „A 7" ist noch immer nicht in seiner ganzen Länge
leicht zu finden.
Wir wandern am *Friedhof* vorüber, halten uns gleich rechts, am
Gartenzaun entlang und dann am Zaun ein zweites Mal nach
rechts. Hier wandern wir auf einem schmalen Weg neben einem

Klosterkirche und Klosterpforte

trockenen Graben. Beim Querweg mit einer Brücke von Beton
folgen wir der schmalen *Pappelallee* nach rechts und haben
wiederum den Zaun von Kloster Knechtsteden zur Rechten.
Bei einem steinernen *Wegkreuz* erreichen wir den Weg „A 7"
und folgen ihm nach links in den Knechtstedener Busch.
Es geht durch hohen Buchenwald, dahinter stehen auf der linken Seite Pappeln. Wo der Weg sich gabelt, halten wir uns links;
dann, wo ein kleines Fichtenstück beginnt, zweigt der Weg „A 7"
abermals nach links ab. Durch dünnen Buchenwald hindurch
erreichen wir im Wald dann einen weiten, freien Platz, etwa so
groß wie ein halbes Fußballfeld. Wir folgen weiter dem „A 7" und
einem *Andreaskreuz („X")*; noch vor dem Fahrweg, den wir
schon erkennen, verläßt der „A 7" als schmaler Pfad den breiteren Waldweg nach links. Auf dem *Fahrweg* halten wir uns ein
Stück links und wenden uns dann vor dem *Graben* nach rechts,
weiter auf dem „A 7" am Graben entlang.
Ein Stück noch vor der Hochspannungsleitung knickt der Weg
bei einer Brücke rechts ab; wir kommen zum Wald hinaus und
an die *Sportanlagen* mit der „*Tennisklause*" heran. Vor uns liegt
nun *Straberg*.
Hinter dem Fußballplatz des FC Straberg halten wir uns rechts,
passieren einen schmalen Streifen Wald und wandern weiter
durch die kleinen Äcker südwärts. Wir unterqueren eine einzelne
Stromleitung, verlassen hier den „A 7" und bleiben geradeaus
auf dem *Asphaltweg*. Nach fünfhundert Metern ungefähr erreichen wir im Wald einen geteerten Querweg und folgen ihm
nach links in Richtung *Straberg*.
Bei den ersten Häusern mit der Gaststätte „*Haus Hubertus*"
nehmen wir den Weg nach rechts in den Wald, haben linkerhand, bis wir den Wald erreichen, die letzten Gartengrundstücke
des Dorfes. Am Ende schwenkt vor einem breiten Riegel Stan-
gengehölz unser Weg bei einer großen Eiche nach rechts und
führt zwischen Eichenmischwald zur Rechten und Ahorngehölz
zur Linken zurück in den Knechtstedener Busch. Nach gut dreihundert Metern kommen wir an ein *Wegekreuz* mit einem massigen Grenzstein: Hier halten wir uns links und wandern auf den
Waldrand zu. Bei der grün-weißen *Eisenschranke* vor den Feldern wenden wir uns nach rechts, bleiben zwischen Ackerrand
und Wald, bis am nächsten Waldknick ein Weg beginnt, der uns
am Waldrand entlang zurück zu den Wirtschaftsgebäuden des
Klosters führt. Dort halten wir uns links, erreichen bald die
Straße und kommen zum *Parkplatz* am „*Klosterhof*". Hier ist
noch immer alles so wie einst. Wer von einem „Klosterhof" sich
Genreszenen erhofft wie auf Kaufhausbildern: Mönche, die

schwere Krüge stemmen, oder einen Bruder Feinschmecker, der ein Glas funkelnden Weins prüfend gegen das Licht hält, der wird – angenehm – enttäuscht. Hübsche junge Damen, nicht fromme Brüder, bringen hier den Kaffee und den Apfelkuchen. Auch gut – oder besser. Und während wir uns hier erholen, erinnern wir uns, wie es damals im Missionsmuseum war mit seinen ausgestopften Abenteuern:

Am Eingang bedrohen uns eine Hyäne, ein Schakal, eine Löwin, die aber mehr wie ein Steifftier aussieht, und ein Bär. Gefährlich ringelt sich eine Schlange. Ein Ameisenbär trägt schwer an seiner langen Nase. Ein Krokodil will mich ins Bein beißen, gottlob ist das Untier ausgestopft. Gürteltier und Fruchtbarkeitsfetisch, Waffen und Masken wollen bestaunt werden. Eine Brillenschlange bewacht ein Xylophon, vor dem ein Vater für seine Sprößlinge ein völkerkundliches Kolleg hält: „Seht euch das an, da spielen die Neger ihre Buschmusik drauf." Dann liest er von einer Tafel ab: „Rhythmus ist dem Afrikaner das Baugesetz der Welt und ihre innerliche Dynamik, der Schock, der zum Mitschwingen anregt, die Kraft, die durch die Sinne hindurch uns an der Wurzel des Wesens packt und alles ins Geistige weist."

Den Papa scheint es auch an der Wesenswurzel gepackt zu haben, er nickt verständig beim Lesen, während ich mich arg an Musikkritiken erinnert fühle, die ich auch nicht immer verstehe.

Der Bruder Aufseher winkt uns zu sich und zeigt uns stolz das Porträt eines kraushaarigen Schwarzen. „Von denen haben meine Mitbrüder schon über achtzig missioniert, alle getauft in Nigeria", raunt er geheimnisvoll. Und hier, und hier, und immer mehr zeigt er uns. Er weist auf ein paar unscheinbare Pfeile und beginnt uns zu duzen, sozusagen „unter Brüdern": „Damit könnte ich dich noch vergiften, wenn ich wollte!" Ein Glück, daß er gerade nicht will. Er kramt aus einer Schublade ein Kärtchen mit einem Kreuz aus Holzspänen und ein paar getrockneten Blumen darauf. Dabei senkt er die Stimme noch eine Spur: „Das ist Ölbaumholz vom Garten Gethsemane, und das hier sind Blüten original aus Jerusalem." Die Schublade ist voll von diesen Kärtchen, danach dürfte es in Jerusalem keine Blumen mehr geben.

Um auch etwas zu sagen, deute ich auf einen Schrumpfkopf in einem Glas und frage einfältig: „Ist das ein Schrumpfkopf?" – „Oh!", plötzlich hat der Bruder eine heiße Kartoffel im Mund und schlenkert die Finger, als hätte er sich die auch verbrannt. „Traurige Sache, ganz traurige Sache", flüstert er und läßt mich stehen. Ich schaue mir den Schrumpfkopf genauer an, das embryonale Gesicht mit dem in den Mundwinkeln vernähten Grinsen. Der aber hat sein Geheimnis mit in den Spiritus genommen.

Zum Kloster Knechtsteden

Weglänge: etwa 8 km

Anfahrt:
Autobahn Köln–Neuss bis Abfahrt Dormagen; zwei Parkplätze am Kloster (gesamte Fahrstrecke ca. 60 km).

Einkehrmöglichkeiten:
„Klosterhof" und in Straberg.

Wanderkarte:
L 4906 Neuss.

Wanderweg:
Im Klostergelände am Friedhof vorüber ①, rechts am Zaun halten, vor dem Graben ② abermals rechts; bei Betonbrücke ③ Pappelallee nach rechts bis Wegekreuz ④; hier „A 7" folgen (auch Andreaskreuz „X"): bei Gabelung links halten, am Fichtenstück abermals links; freier Platz im Wald; vor Fahrweg abermals links; auf Fahrweg wieder links bis an Graben heran ⑤; vor dem Graben nach Norden (weiter „A 7"); noch vor Hochspannungsleitung rechts ⑥, hinter Fußballplatz rechts ⑦; auf Teerweg („A 7" bald links liegen lassen) geradeaus bis geteerten Querweg, hier links ⑧; am „Haus Hubertus" rechts ⑨ und am Ende des Gartens zur Linken wieder rechts: ca. 300 m, dann am Grenzstein (Wegekreuz) links zum Waldrand ⑩. Waldrand folgen bis zu den Wirtschaftsgebäuden des Klosters ⑪. Links bis zur Straße und zum „Klosterhof".

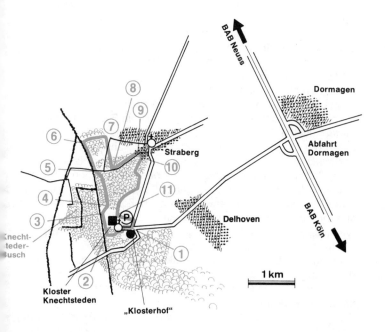

BAB Neuss

Dormagen

Abfahrt
Dormagen

Straberg

BAB Köln

⑥

⑤

④

③

Knecht-
steder-
Busch

②

Kloster
Knechtsteden

⑧

⑨

⑦

⑩

⑪

Delhoven

①

„Klosterhof"

1 km

Tippeltour 12:
Fußball, Altbier, Räucheraal

Nach Zons sind wir früher mit dem Schiff gefahren. Als das Auto zwar schon lange erfunden war, aber noch lange nicht verbreitet, galt Zons neben Königswinter als klassisches Etappenziel für die Schiffstour, die einmal im Jahr gemacht wurde. Dabei erschien es uns weit näher als der Drachenfels: *Zons* liegt rheinabwärts, die Raddampfer ließen es sich anmerken.

Heute kommen wir wie alle Durchschnittstouristen mit dem Auto. Über die Autobahn nach *Neuß* erreichen wir *Dormagen*, von wo wir der beschilderten Strecke folgen, bis die Feste mit den charakteristischen Türmen vor uns liegt. Vor dem Rheintor im Nordosten der alten Stadt, von wo es zur Autofähre geht, liegt der Parkplatz, auf dem wir den Wagen abstellen. Wer hier aus dem Auto klettert, strebt wie automatisch nach Süden, dem Rheintor oder den Wallanlagen zu; es ist ganz offensichtlich, wo es hier etwas zu sehen gibt. Wir aber wollen tippeln, Zons soll das Ziel sein, aber erst einmal muß es der Start sein.

Wir wenden uns ostwärts, auf den Deich zu, hinter dem wir den Rhein wissen. Oben auf dem Damm erfaßt uns sogleich der Wind, mit dem wir jetzt geraume Zeit auskommen müssen. Er streicht das Gras glatt und läßt die Jacken flattern. Rheinabwärts müssen wir gehen, vom Damm auf den „Herrenweg", dann auf den Uferpfad, der so idyllisch „Rheinau" heißt.

Der „Gasthof zur Rheinfähre", der weiß zwischen Bäumen steht, war früher sicher ein Wartesaal an einem Verkehrsknotenpunkt. Diese Aufgabe hat er inzwischen verloren, aber gut besucht ist er immer noch. An der Hauswand sind uralte Hochwassermarken zu lesen. Als Kinder wurden wir immer mal wieder an den Türpfosten gestellt, auf den Kopf wurde ein Frühstücksbrett gedrückt, und dann wurde auf dem weißen Holz mit einem Bleistift die neue Körpergröße markiert. So ähnlich hat man es hier mit Vater Rhein gemacht, zum letzten Mal, ganz unten auf der Skala, 1959, als auf den Uferstraßen am Heumarkt in Köln die Boote fuhren.

Der Weg führt an einer kleinen Werft vorbei, einem Fachwerkhaus mit einer offenen Halle davor, darin ein rostbrauner Schiffsrumpf, schwerfällig, noch ohne Bug und Heck.

Rechts tanzt ein Hausboot auf den Wellen, mit dem Festland durch einen Landungssteg verbunden, der sich beständig hebt und senkt. Hier verheißt ein Schild täglich frischen Räucheraal.

Schwalben schießen im Zickzack dicht über die Wege und kümmern sich wenig um Hindernisse wie uns Fußgänger. Auf dem Rhein wummern Lastkähne vorüber, in rascher Talfahrt oder langsam, mit klatschenden Bugwellen stromaufwärts. Wenn sie vorüber sind, folgen ihnen noch eine Zeitlang die Heckwellen, die heftig auf den flachen Kies rollen.

Der Rhein ist grau wie Blei. Oder muß man sagen: grau von Blei? Schließlich ist es nicht reine Bosheit, wenn man witzelt, das Rheinwasser sei zum Filmentwickeln besser geeignet als zum Trinken. Wenn das Wasser im Rhein goldner Wein wär – singen die älteren Karnevalisten. Sie könnten zufrieden sein, wenn es wenigstens richtiges Wasser wäre. Die jüngeren Karnevalisten wie die Bläck Fööss haben das schon erkannt und in Musik umgemünzt.

Hier, wo der Niederrhein beginnt und der Fluß noch grüne Ufer hat, kann man wohl noch am ehesten ein Bild vom alten Rhein gewinnen, so wie er vor hundert Jahren gewirkt haben mag. Dabei hat schon weit früher, nämlich schon 1798, der englische Lyriker *Coleridge* bei einem Besuch hier geurteilt, der Rhein verbreite 27 verschiedene „Gestänke". Er muß eine feine Nase gehabt haben, der Herr Dichter.

Bei Stromkilometer 719 beginnt eine milde Pappellandschaft. Drüben, in der Flußniederung des *Urdenbacher Altrheins*, wo ebenfalls schlanke Pappeln Spalier stehen, hat ein Schäfer an ei-

Zons mit Rheintor

ner seichten Stelle seine Herde ans Wasser getrieben, um sie zu
tränken. Vielleicht wird die Herde aus dem Werbeetat der chemi-
schen Industrie finanziert, vielleicht aber ist das Rheinwasser
doch wieder trinkbar – wenn auch zunächst nur für Hammelher-
den?
Während wir dem Grün auf der anderen Rheinseite mit den Blikken folgen, vorbei an dem gedrungenen Kirchturm von *Urden-
bach* bis zum üppigen *Benrather Schloßpark*, stoßen wir am Weg
auf den zeitgenössischen Ausdruck für menschlichen Siedler-
geist: Ein Campingplatz begleitet uns für eine gute Viertelstunde.
Weiße Wohnwagen und Hauszelte in Gelb und Rot, Blau und
Orange, mit Fransen und Bommeln, Schabracken und Butzen-
scheiben: Gelsenkirchener Barock zum Aufspannen. „My nest is
my best", sagen die Engländer. Die Camper könnten den Spruch
übernehmen. Ihr Nest ist ihr Bestes, und was „ihr Nest" ist, haben
sie mit grünen Karnickelzäunen deutlich umgrenzt und mit ihrem
Namen unverwechselbar gekennzeichnet. Ganz bierernst dürfte
das kaum gemeint sein, ein Schuß Selbstironie ist sicher dabei.

Ein kleines Wohnmobil prunkt mit einer großen Skandinavienkar-
te, auf der die Fahrtroute eines vergangenen Urlaubs eingezeich-
net ist. Die rot gestrichelte Linie will uns glauben machen, daß der
Caravan dabei auch quer durch die Ostsee geschwommen ist.
Jetzt steht er hier und verachtet wahrscheinlich die anderen
Wohnwagen um ihn her, die es von Düsseldorf nur bis auf die an-
dere Rheinseite gebracht haben.
Der Backsteinbau, der sich weithin als „Restauration von Winand
Schimmelpfennig" ausweist, ist geschlossen, so müssen wir

noch zehn Minuten laufen, bis wir „Pitt Jupp" erreichen, Gasthof und Fährhaus in einem.

Bei Pitt Jupp können die Camper Würstchen kaufen, übern Hof, am Küchenfenster, wenn sie den überall plakatierten „bissigen Hund" nicht fürchten.

Die Schiffahrtsrequisiten im Lokal und die beiden Alten an der Theke, die ihre Schiffermützen auf dem Schädel behalten, wenn sie ihre Klaren kippen, verbreiten Hafenatmosphäre, als führe das Schiffchen draußen rund ums Kap Horn und nicht bloß hinüber nach Benrath.

Wir verlassen Pitt Jupp und folgen dem einzigen Sträßchen nach *Stürzelberg*. Bald begleitet uns rechts ein mannshoher Zaun, der die „Niederrheinisch-Bergische Gemeinschaftswasserwerk G.m.b.H." wohl gegen Brunnenvergifter schützen soll. Er schützt auch die Kaninchen, die sich hier unverfroren tummeln.

Die Straße führt uns durch den *Grind*, eine mit dem Lineal aufgeforstete Sumpflandschaft. Außer an den Pappelreihen findet das Auge keinen Halt in dem flachen Land, der Horizont ist mit Blikken schnell erreicht, dann bleibt zum Schauen nur der Himmel, wo sich die Wolken aufs immer Neue bündeln. Spötter meinen, hier sei es so flach, daß man schon mittwochs sehen könne, wer sonntags zu Besuch kommt.

Zwischen den weidenden Kühen ziehen die Krähen sorgsam fette Würmer aus dem schwarzen Boden.

In *Stürzelberg* steht ein Adler an der Straße und verfolgt mit seinem Adlerauge einen Taubenschwarm, der um seinen Schlag kreist. Die Tauben brauchen ihn nicht zu fürchten, denn er ist aus Bronze und soll die Toten aus dem Ersten Weltkrieg ehren.

Köln ist hier weiter weg, als die Straßenschilder es wahrhaben wollen. Die Männer an der Theke, die wie überall vom Fußball reden, haben einen schwereren Zungenschlag als bei uns, sie trinken dunkles Altbier und wenn sie von „Fortuna" reden, dann meinen sie nicht den Verein aus Köln.

Wir folgen der *Biesenbachstraße* bis zum *„Gustav-Biesenbach-Platz"*, wo wir in die Feldstraße einbiegen, die uns aus der Stadt in die Felder führt. Bald haben wir *„Hanneputzheide"*, die Zonser Heide, erreicht, ein schmuckes Wäldchen, das wir, uns links haltend, am alten Judenfriedhof wieder verlassen.

Über die *„Nievenheimer Straße"* kommen wir endlich wieder an das *alte Zons* heran; bei der Mühle dämmert es schon, aber dafür sind die Gassen jetzt leerer als am Nachmittag.

Bei Zons an den Rhein

Weglänge: 12 km

Anfahrt:
Autobahn Köln–Neuß bis Dormagen (gesamte Fahrstrecke hin und zurück ca. 60 km). Parkplatz vor dem Rheintor im Nordosten der Feste Zons.

Einkehrmöglichkeiten:
am Weg, in Stürzelberg und Zons.

Wanderkarte:
L 4906 Neuss.

Wanderweg:
Vom Parkplatz ① ostwärts in Richtung Deich. Auf dem Damm rheinabwärts, weiter auf dem „Herrenweg", dann auf der „Rheinau", vorbei an Gasthof und Werft. Pappeln ab Stromkilometer 719. Campingplatz. Weiter bis Fährhaus ②. Straße links nach Stürzelberg ③, Biesenbachstraße, Gustav-Biesenberg-Platz, Feldstraße, Hannepützheide, links halten, am „Alten Judenfriedhof" ④ wieder verlassen, über die Nievenheimer Straße nach Zons ⑤.

Wer weniger tippeln möchte, kann bei „Pitt Jupp" nach Benrath übersetzen, dort vielleicht den Park und das Schloß besichtigen und dann mit der Fähre nach Zons zurückfahren. Die Personenfähre Zons Benrath verkehrt in den Sommermonaten bis zum frühen Abend.

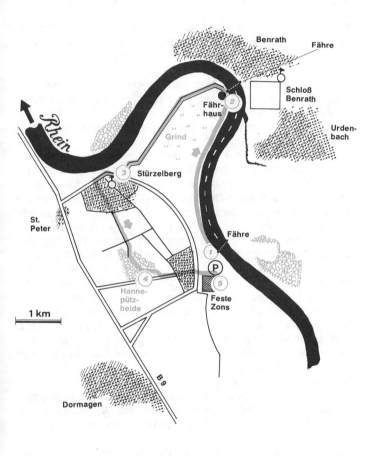

Benrath

Fähre

Rhein

Schloß
Benrath

Fähr-
haus

Grind

Urden-
bach

Stürzelberg

St.
Peter

Fähre

1 km

Hanne-
pütz-
heide

Feste
Zons

B 9

Dormagen

Tippeltour 13:
Kaffeepause neben Kanonen

Vor sechshundert Jahren lebten die Herren von Schloß Dyck als gefürchtete Raubritter, heute kassieren sie friedlich vier Mark von jedem, der das Schloß und den Park besichtigen will. Daß es dafür viel zu sehen gibt, ahnen wir kaum, als wir vor dem Schloß die Orientierung suchen. Das fürstliche Anwesen ist bis zur Dämmerung geöffnet, die Sonne steht noch hoch über uns, da haben wir Zeit zum Tippeln genug.

Wir überqueren die Straße, über die wir gekommen sind , eine prächtige Blutbuchenallee, und biegen in den Fahrweg nach Nordosten ein, der links und rechts von massigen Eßkastanien gesäumt ist. Die Schloßverwaltung, oder wer statt ihrer hier zuständig ist, will nicht die Hand dafür ins Feuer legen, daß wir wohlbehalten bis ans Ende der Maronen-Allee gelangen, sondern weist auf einer Tafel darauf hin, daß wir hier auf eigene Gefahr spazieren. Aber selbst ein paar knorrige Äste, die auf dem Weg liegen, können uns nicht die Zuversicht nehmen. Der Weg zwischen den Bäumen ist nur wenige Meter breit. An Bundesstraßen hat man 1811, als die Allee gepflanzt wurde, nicht denken müssen, aber selbst zwei Kutschen hätten Mühe, hier vierspännig einander zu passieren. Der unermüdliche Wind wühlt Wellen in das Getreide und läßt das Laub in den Baumkronen klatschen. Die Vögel klammern sich zu Dutzenden in den Baumkronen fest und zwitschern, als wollten sie ihre eigene Angst bekämpfen. Rechts taucht vor uns zwischen Pappeln der Backsteinbau von *Kloster St. Niklas* auf.

Nach mehr als einem Kilometer unter Bäumen erreichen wir die Straße, halten uns rechts und gelangen so ans Nikolauskloster, das seit 1905 von Oblatenpatres geführt wird. Wir begnügen uns mit einer Runde durch den Garten und wandern dann längs Obstbaumspalieren auf der Landstraße weiter.

Am Ortsrand von *Damm* liegt das „Dycker Weinhaus", ein großer Gebäudekomplex mit Restauration im Vorgarten, und weil der Niederrhein dünn besiedelt ist und wir nicht wissen, wann sich die nächste Gelegenheit zur Einkehr bietet, machen wir schon hier eine Rast. Die ehemalige Zollstation und Gerichtsstätte derer *von Salm*, *Reifferscheidt*, *Krautheim und Dyck* ist heute die nördlichste Weinschänke im Rheinland. Man braucht hier durchaus keine niederrheinischen Kreszenzen zu fürchten, denn die heimischen Fürsten waren ein weitläufiges Geschlecht und holten sich ihre Weinvorräte nicht gerade von Neuß, wo es im letzten Jahrhundert tatsächlich noch Weinbau gab.

Der holzgetäfelte Schankraum ist gut gefüllt. Ausflügler mit großen Hollandrädern rollen vor den Fenstern vorbei, stecken den Kopf zur Tür herein: „Gibt's hier Kuchen?" – Selbstverständlich gibt es Kuchen; sie stellen die Räder gegen die Hauswand, stecken die Hosenklammern in die Tasche, heben Kind und Kegel aus den Sitzen und machen es sich drinnen gemütlich.

Wir folgen der Straße um das Weinhaus herum nach links und überqueren den *Jüchener Bach*. Die Ziegel- und Klinkerfronten der Häuser sind durch grüne Fensterläden und kleine Fenster mit Scheibengardinchen aufgelockert. Am Ortsende verlassen wir die *„Klosterstraße"* und biegen in die *„Mühlenstraße"* ein. Hier beginnen die Gärten. Der Rhabarber schießt mit lappigen Blättern mächtig ins Kraut, es duftet nach Kamille und Schnittlauch.

Eine Viertelstunde vor uns liegt an der leicht gewundenen Landstraße die flügellose *Dycker Windmühle*, deren Dach in der Sonne glänzt und eher an Zwiebeltürme als an Windmühlen denken läßt. Noch immer bewegen wir uns im Machtbereich von Schloß Dyck, zu dem die Mühle von 1756 ebenso gehört wie das Kloster und das „Weinhaus".

Im hohen Gras vor dem Rundturm liegt ein neues Flügelpaar, das Bild der Mühle wird also bald wieder vollkommen werden. Wir

Wasserschloß Dyck: Es beherbergt die größte private Waffensammlung Europas

Dycker Windmühle aus dem Jahr 1756

bleiben auf dem Fahrweg, der uns zur Mühle geführt hat, und biegen kurz darauf rechts ab, wo wir bald hinter einem einzelnen
Haus den imposanten *„Becherhof"* erreichen. Auch die Herren
vom Becherhof haben sich ihre Einfahrt was kosten lassen und
haben eine stattliche Eschenallee anlegen lassen, durch die wir
nach *Aldenhoven* gelangen. Die *„Schloßstraße"* führt uns hinauf
durch den Ort, oben halten wir uns an der Straße rechts und erreichen über eine Allee von Bergahornriesen den Parkplatz und das
Schloß.
Nachdem wir dem Park insgeheim die Schonung versprochen
haben, um die er uns am Eingang auf einer persönlichen Schrifttafel gebeten hat, werden wir eingelassen. Das grüne Brackwas-
ser im Schloßgraben duftet stärker als die seltenen Pflanzen im
Park. Irgendwo schreit ein irrer Pfau, wir hören ihn lange bevor wir
ihn sehen.
Die Terrasse des Schloßcafés ist mit lafettierten Geschützen be-
wehrt, da könnte man in Frieden seinen Kaffee trinken, aber dazu
ist es inzwischen zu spät, wir können uns noch soeben der letzten Führung durch die fürstlichen Gemächer anschließen. Ein
Herr mit abendfüllender Stimme verteilt riesige Filzpantoffeln an
die Gäste, in denen man auch mit Schuhen keinen Halt findet. So
huschen wir, lauter kleine Mucks aus dem Märchen von Wilhelm
Hauff, über das spiegelnde Parkett. Schloß Dyck beherbergt die

größte private Waffensammlung Europas. 700 Gewehre, Büchsen, Flinten, Rapiere, Armbrüste, Hirschfänger und Schwerter haben die Dycks in vier Jahrhunderten zusammengetragen. Einige mächtige Püster sind darunter, achtläufige Pistolen, sicher nichts für Kunstschützen, überwiegend Vorderlader, und eine Streitaxt, aus deren Stiel sich zu allem Übel für den Gegner auch noch feuern ließ.

In den anderen Sälen des Schlosses, hinter dessen Prunk sich manches Château an der Loire verstecken könnte, ahnt man feudale Lebensqualität. Da gibt es eine Ledertapete, für die 120 Ziegen ihr Leben lassen mußten, eine chinesische Seidentapete, kostbare Möbel, im Herrenzimmer nackige Damen an der Decke und etwas weiter 20000 alte Bücher, die aber hinter Karnickeldraht, damit kein Besucher die Örtlichkeiten mit der Borromäus-Bücherei verwechselt.

Und all die Pracht steht auf eichenen Pfählen. Der erste Bau von Schloß Dyck wurde auf Eichenpfosten gegründet, die in den Bruchboden gerammt worden waren. Viele Ortsnamen zwischen *Grevenbroich* und *Zoppenbroich* deuten auf den Untergrund hin, der Name Dyck auf das Fundament: Dyck heißt Deich.

Hinter dem Schloß und jenseits der Wasseranlagen erstrecken sich die weitläufigen Gartenflächen mit den alten Bäumen, die *Fürst Joseph* vor 150 Jahren pflanzen ließ.

Das gibt dem „*Hortus Dyckensis",* dem Garten von Dyck, die Großzügigkeit des Londoner Hyde Parks. Allerdings nicht dessen Freizügigkeit: Das Betreten des Rasens ist verboten.

Rund um Schloß Dyck

Weglänge: etwa 6 km

Anfahrt:
Von Köln über die B 59. Grevenbroich läßt sich durch ein Auto-
bahnteilstück umgehen: Autobahn bis Jüchen, dort Autobahn
Richtung Neuß bis zur nächsten Abfahrt. Über Bedburdyck nach
Schloß Dyck (gesamte Fahrstrecke hin und zurück ca. 100 km).
Parkplatz am Schloß.

Einkehrmöglichkeit:
Dycker Weinhaus.

Wanderkarte:
L 4904 Mönchengladbach.

Wanderweg:
Am Parkplatz ① Anfahrtstraße überqueren (Blutbuchenallee)
und in Fahrweg einbiegen nach Nordosten (mit Eßkastanien ②
bepflanzt). Rechts Kloster St. Niklas. Dort ③ rechts halten bis
Damm. Um das „Dycker Weinhaus" ④ herum nach links, Jüchener Bach überqueren, am Ortsrand an Klosterstraße in Mühlenstraße biegen⑤. An Dycker Windmühle ⑥ vorbei. Kurz danach
rechts abbiegen. Vom Becherhof durch Eschen-Allee ⑦ nach
Aldenhoven. Durch die Schloßstraße ⑧ hinauf. An der Straße
rechts halten, durch eine Bergahorn-Allee ⑨ zum Schloß Dyck
①.

Zur Wanderstrecke kommen noch die weiten Wege im Schloßpark hinzu. Der Park ist ganzjährig geöffnet, das Schloß im
Sommerhalbjahr von 10 Uhr bis zur Dämmerung.

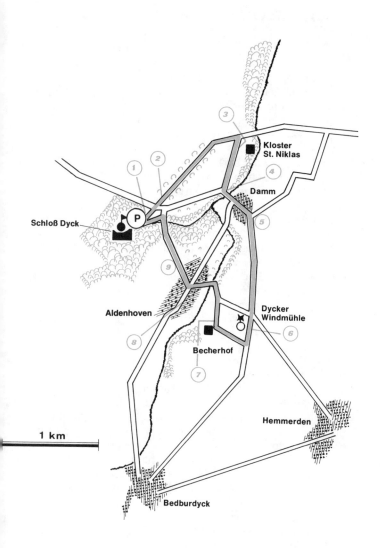

Schloß Dyck

Kloster St. Niklas

Damm

Dycker Windmühle

Aldenhoven

Becherhof

Hemmerden

Bedburdyck

1 km

Tippeltour 14:

Leben auf Knopfdruck

Seit dem Tertiär hatte sich kaum etwas getan. Dann fing in Brühl einer an, mit Hacke und Schaufel die braunen, feuchten, faserigen Steine auszubuddeln, die Mutter Erde zwanzig Millionen Jahre vorher für ihn eingekellert hatte. Das war im Jahre 1766. Die kopfgroßen Brocken zerbröselten unter dem Werkzeug; wenn man sie in der Sonne getrocknet hatte, staubten sie, und im Ofen qualmten sie – aber sie brannten: die „Klütten" waren entdeckt. Die „Klüttenkaulen" hatten Zukunft. Wie diese Zukunft aussieht, davon kann man sich selbst ein Bild machen, wenn man aufs platte Land fährt, nicht weit vor die Tore Kölns an die Erft.

Bei „Kerpen/Sindorf" runter von der Autobahn nach Aachen, über die Erfttalstraße nach Norden, vorbei an „Wohnparks" und Schweineställen, durch Kraut und Rüben Richtung Bergheim. Pappeln säumen den Horizont, dahinter die dicke Schlote eines Kraftwerks. Am Ende der Neubaustrecke beginnen die Wegweiser: „Schloß Paffendorf". Hinter der Kirche von Paffendorf kommt rechts eine Zufahrt zum Parkplatz vor dem Wasserschloß. Eine solide Brücke führt über den Graben auf das Ziegelmauerwerk des massigen Westturms zu. Unten schwappt die grüne Brühe gegen die Wälle, Wasservögel rudern durch das Schilf, es wimmelt von Spiegelkarpfen, die mit runden Mäulern träge nach Nahrung suchen.

Das Schloß ist gut besucht. Familien im Sonntagsstaat spazieren durch den Hof, in den Park oder erst ins Innere der Gemäuer. Denn dort gibt es Erstaunliches zu sehen, die Schloßbesichtigung wird zu einer bergmännischen Mustermesse. Seit 1958 gehört der Adelssitz derer von dem Bongart den Rheinischen Braunkohlewerken AG, seit 1967 beherbergt das Schloß das Informationszentrum der Rheinbraun. Skizzen und Fotos, bunte Lichtwände und Diaramen, Modelle und Schaustücke in Vitrinen bilden einen merkwürdigen Kontrast zu den gebohnerten Dielen und den dunklen Holzpaneelen im Schloß. Die Sonntagsausflügler beugen sich über die Modelle, lassen per Knopfdruck Lichterketten blinken und pulsierendes Leben imitieren.

Ein Vater demonstriert für die Seinen nebst Oma mit weitem Armschwung, wie hier die Technik zur Sache geht: „Elsdorf kommt auch noch weg! Steinstrass ist schon weg." Die Oma hält bestürzt die Hand vor den offenen Mund: „Steinstrass ist weg?" –

Vielleicht kennt sie noch Leute von da. Wo die jetzt wohl sind? Da die Braunkohle im Tagebau gewonnen wird, muß alles, was über den Flözen liegt, abgeräumt werden, Straßen, Wiesen, Bäume, Häuser, Dörfer. Bottenbroich war der erste Ort, der hier weichen mußte. „Totalsanierung" nennt man diese Art der Evakuierung, und offenbar fühlen sich die Umsiedler danach tatsächlich total saniert: 72 Prozent wohnen mit einem Mal im Eigenheim, die Wohnungen sind größer, und jede besitzt ein Bad, vorher war es nicht mal jede zweite. Das alles weiß die Oma nicht – oder sie mag es nicht glauben.

Aus dem Nebenraum kommt optimistische Musik, eine zupackende Stimme wie aus der Zigarettenwerbung preist „die neue Baggergeneration", die hier wohl ihren Weg geht, dazu bunte Bilder von Schaufelradbaggern im Abend- und Gegenlicht. Die Sonne blitzt. Ist das hier die Leipziger Messe? Grube Fortuna, Grube Zukunft, gibt es auch die Grube Plansoll? „Wo iss dann et Daniela?" ruft einer durch die Gemächer zu seiner Frau zu. „Frog mich nit!" ruft die zurück. Vielleicht steckt die Kleine gerade bei den Vi-

Schloß Paffendorf: Informationszentrum der Rheinischen Braunkohlewerke

Das Bergmannsorchester bläst im Park

trinen mit der Brikettzange oder den gestapelten Briketts. Ob sie
das kennt? Briketts einkellern? Sack für Sack kippten die
schwarzen Männer die Klütten vor die Tür oder in den Hof, die
mußten dann stundenlang gestapelt werden.
Abends war man reif für die Wanne, die ausnahmsweise in der
Waschküche stand, und trotzdem hatte man am nächsten Tag
die Taschentücher schwarz beim Naseputzen.

Auf einer Schrifttafel wird die Rheinbraun programmatisch: „Aus dem Jahre 1902", so heißt es da, „stammt eine Maxime, an der sich das RWE gestern wie heute orientiert: Strom für jeden und zu jeder Zeit. Soviel wie jeder nutzen will. Zu möglichst niedrigen Preisen." Ob sich das RWE an seiner blauäugigen Maxime von 1902 auch in der Zukunft orientieren wird?

Wieder tönt gedämpfte Musik durch die Räume, aber diesmal kommt sie zum offenen Fenster herein: „Da geh ich ins Maxim, da bin ich so intim, ich duze alle Damen, ruf sie beim Kosenamen . . ." Im Park bläst das Bergmannsorchester sein Sonntagskonzert.

Wir verlassen das Schloß, gehen immer den Ohren nach und entdecken unter einer schattenspendenden Platane von gewaltigen Ausmaßen eine bunte Menschenansammlung und das Orchester, schwarze Uniformen und blitzendes Messing.

Der 7,5 ha große Schloßpark ist seit 1967 zum Forstlehrgarten hergerichtet worden. Neben dem alten Baumbestand gibt es neu angelegte Tertiärlandschaften. Hier kann man durch die Urzeit spazieren, dazu die Klänge von Marschmusik, die über den Rasen weht. Eine Familie steht am Weiher und füttert die Enten und Karpfen. „Lur ens, der fiese dicke Karpfen!", ruft die Mama und wirft ihm eine weitere Handvoll Brotkrumen zu: Wie soll der Ärmste da nicht dick werden.

Unser Rundweg beginnt vor dem Schloß. Eine Tafel weist zum Aussichtspunkt in *Glesch*. Es geht am Parkplatz vorbei. Die vielen Autos, die hier stehen, sind wie überall mit Plaketten beklebt, aber „Atomkraft, nein danke" ist nicht darunter.

Zwischen den Rüben Transformatoren. Nach etwa einem Kilometer stößt der Gehweg auf die Böschung der neuen Straße nach *Bergheim*. Wir halten uns rechts, folgen der Hinweistafel unter der Straße her. Jetzt sind wir am Ufer der *Erft*, die mit rascher Strömung durch ihr begradigtes Bett fließt. Immer wieder summt der Starkstrom über uns. Wir erreichen die Bungalows am Ortsrand von Glesch. Rechts, über die Erft hinweg, erste Blicke auf die gewaltigen Abraumhalden, dahinter die Kühltürme des Kraftwerks Niederaußem.

In *Glesch* verlassen wir den Uferweg, überqueren die Erft und folgen der Straße auf die Grube zu. Das letzte Haus am Wege, ein roter Klinkerbau, steht hier seit fünfzig Jahren: „Erftstolz. 1929" steht in gelben Klinkern in der Fassade. Hätte es weiter im Osten gestanden, wäre es kein halbes Jahrhundert alt geworden. Unter den Pappeln parken die Autos, dahinter liegt der Aussichtspunkt. Die ganze Grube liegt offen vor uns, über fünfzehn Qua-

Abraumhalden vor dem Kraftwerk Niederaußem

dratkilometer, stellenweise über dreihundert Meter tief. Gleise und Förderbänder laufen wie Straßensysteme durch das bunte Loch. Die Besucher drängeln sich am Geländer, jeder hat ein Fernglas dabei oder wenigstens ein Teleobjektiv an der Kamera. Es grummelt aus der Tiefe wie von einer nahen Autobahn her, aber nichts bewegt sich in der Grube. So muß es geklungen haben, als der Reisende aus der „Zeitmaschine" zu den Morlocks in die Tiefe abgestiegen ist. Im Norden der Grube, zur Linken also, ist deutlich zu erkennen, wie die Maschinerie sauber Biß für Biß die Erde aufgefressen hat, Bagger für Bagger und Tag für Tag an die 200.000 Kubikmeter, das macht im Jahr hundert Millionen Kubikmeter Abraum. Kinder bringen Schulwissen an den Mann: „So ein Schaufelrad ist so hoch wie ein Hochhaus mit vier Stock oder sieben. Wenn der woanders hin soll, muß er auseinandergenommen werden, den kann man nicht fahren."

Man liest die Hinweistafel, memoriert Zahlen, aber richtig verstehen kann wohl keiner, was hier vor sich geht. Das Deckgebirge, das die Bagger abräumen, wird „ausgekohlt" und im Süden der Grube von riesigen Absetzern wieder „verkippt", wie es in der

Bergmannsprache heißt. Dann kommen Pappeln drauf, und fertig ist das Erftland.

Die Straße, die wir gekommen sind, müssen wir ein Stück zurück, hier an der Grube enden alle Straßen. Am Ortsrand von *Glesch,* etwa fünfzig Meter vor der Erft, führt ein Asphaltweg zwischen Weiden nach *Paffendorf* zurück. Links Kühe und Pappeln, rechts Kühe und Starkstromanlagen. Zwei Bauern kommen mit einer mobilen Melk- und Fütteranlage auf die Wiese gefahren. Die Kühe richten sich schwerfällig auf, entleeren sich mit krummem Rücken und prasselndem Harnstrahl, hinter ihnen klatscht es schwer auf die Wiese, dann drängen sie sich an die schmalen Buchten der Füttermaschine wie Ferkel an die Zitzen der Muttersau und lassen sich derweil, eine nach der anderen, an das Schlauchsystem der Melkmechanik ankoppeln.

Wir überqueren wieder die Straße nach Bergheim, bald darauf die Erft, die hier eine Biegung macht. Von links kommt eine Kastanienallee, hier halten wir uns rechts und erreichen, südlich am Schloßpark vorbei, wieder Paffendorf.

Zum Schloß Paffendorf

Weglänge: etwa 5 km

Anfahrt:
Autobahn Köln–Aachen bis Kerpen/Sindorf, dann Richtung Bergheim nach Paffendorf (gesamte Fahrstrecke ca. 60 km). Am Schloß parken.

Einkehrmöglichkeit:
in Paffendorf.

Wanderkarte:
Kreiskarte Erftkreis, Stadt Köln (Nr. 43) und L 5014 Düren.

Wanderweg:
Am Parkplatz ① vorbei in Richtung Aussichtspunkt in Glesch. Nach ca. 1 km rechts halten, am Ufer der Erft entlang. In Glesch Uferweg verlassen, Erft überqueren ② und auf der Straße zur Grube ③. Zurück zum Ortsrand von Glesch, etwa 50 m vor der Erft Weg nach Paffendorf ④. Die Straße nach Bergheim überqueren ⑤, rechts halten ⑥, am Schloßpark vorbei zum Parkplatz ①.

Auskünfte über Veranstaltungen erteilt Rheinbraun, Stüttgenweg 2, 5000 Köln 41.

Der Aussichtspunkt in Glesch ist im Zuge der Abbauarbeiten aufgegeben worden; Hinweistafeln führen zu einem neuen Aussichtspunkt in Bedburg.

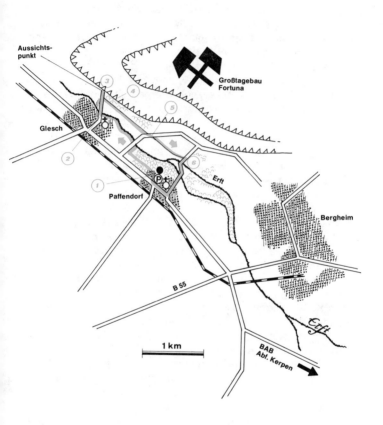

Aussichts-
punkt

Großtagebau
Fortuna

Glesch

Erft

Bergheim

Paffendorf

B 55

Erft

1 km

BAB
Abf. Kerpen

Tippeltour 15:

Hoch zur „Akropolis"

Spätestens am Autobahnkreuz *Meckenheim* fallen uns die vielen Autos mit dem Kennzeichen „AW" auf. „AW": „Armer Winzer" spötteln wir. Mit solchen harmlosen Vorurteilssprüchen über die Kölner Randprovinzen vertreibt man sich am Steuer schon mal die Zeit. In *Ahrweiler* selber werden die ortsansässigen Pkw's seltener. Hier herrschen fremde Nummernschilder vor, aus Duisburg, Bottrop und Hannover, von Bremen und noch weiter her kommen die Besucher. Wir fahren über die B 267 in Richtung *Dernau, Altenahr.*

Mit dem suchenden Finger auf der Landkarte haben wir uns zuhause für eine Tippeltour entschieden, die diesmal ausnahmsweise kein Rundweg ist: wir wollen uns ein gutes Stück vom Rotweinwanderweg am linken Ahrufer erwandern, von Altenahr nach Dernau, rund zehn Kilometer, das müßte leicht zu schaffen sein.

Auf den Höhen der Autobahn lagen die Wolken wie Spinnweben über den Bergen, hier unten im Tal ist es klar, die Sonne legt uns immerhin die Ahnung eines Schattens vor die Füße. Auf großen Schildern links und rechts werden „Kaffee & Kuchen" feilgeboten. Das kann uns jetzt noch nicht beirren. Interessanter sind da schon die Wirte, die, wie sie es auf Tafeln annoncieren, dem Gast ihren Keller zeigen wollen: rund 45000 Hektoliter Most erwirtschaften die Winzer an der Ahr in guten Jahren.

Bei *Walporzheim* schießt der Fluß durch eine felsige Schlucht, lehmgelb das aufgewühlte Wasser.

In *Dernau* stellen wir den Wagen ab. Der Zug nach *Altenahr* fährt erst in etwas über einer Stunde, da nehmen wir lieber den Bus. Die Fahrgäste grüßen den Fahrer als alten Bekannten und wechseln einige Worte in einem rheinisch gefärbten Platt, das aber doch verrät, daß Köln von hier aus hinter mehr als sieben Bergen liegt.

In *Altenahr* hält der Bus vor einem Weinlokal. Es dürfte auch schwer sein, in Altenahr nicht vor einem Weinlokal zu halten. Täuscht uns die Nase? Nein. Als der Bus mit seiner Dieselfahne weg ist, merkt man es deutlich: die Luft riecht säuerlich nach Wein.

Ein paar junge Männer schaukeln steifbeinig aus dem Lokal, in den Gesichtszügen ein verträumt wissendes Lächeln: sie haben wohl schon viel von jener Wahrheit genossen, die im Wein verborgen liegt. In kehligem Westfälisch beratschlagen sie, wo sie jetzt „eimal orntlich ain' trinken" sollen: Dortmunder Biertrinker, die schutzlos an Gott Bacchus geraten sind.

Es ist Samstagnachmittag. Die Lokale versprechen Tanz, die Andenkenläden winken mit Strandhüten, Schmuckkästchen aus bunten Muscheln, Geldbörse aus Seehundfell, Almglocken und ähnlichen Souvenirs von der Ahr. Dann zeigt ein Schild den Weg zur *Burg Are*, wir beginnen den Aufstieg.

Ein paar Holländer „am wandernden Stabe", wie es bei Schiller so schön heißt, ächzen vor uns ob der ungewohnten Steigung. Wir überholen sie leichtfüßig, dann lassen wir sie für immer zurück. Sie folgen weiter dem Weg zur Burg, wir haben unser Zeichen entdeckt, eine *rote Weintraube auf weißem Grund*, schlagen den Weg nach links ein – und sind allein.

Noch etliche Minuten dauert der Aufstieg bis zu einem weißen Gipfelkreuz, wo eine Bank zur ersten Rast lädt. Aber die Bank ist naß, es hat begonnen zu tröpfeln. Vor den schnell ziehenden Wolken stehen die Berge, die hier das Panorama sind, im Dunst da wie Scheiben. Unten läuft neben dem Fluß ein schmales Band aus Asphalt, auf dem winzige Spielzeugautos hin und her fahren. Die Motorengeräusche hört man überdeutlich bis hier oben.

Endlich läßt die Steigung nach, der Weg verläuft jetzt längs des Hanges zwischen Weinbergen. Die Trauben sind hier noch so klein und grün und vermutlich auch so hart wie junge Erbsen. Sie

Winzerdorf Rech im Ahrtal

brauchen wohl noch ein paar Wochen Sonnenschein, bis man sie zu samtpfötigem Rotwein keltern kann. Das Ahrtal ist Deutschlands größtes zusammenhängendes Rotweingebiet, das will etwas heißen, denn zugleich ist es das zweitkleinste Weinland überhaupt.

Die Regentropfen sind nur Episode geblieben, fern hinter uns über Altenahr scheint sogar schon die Sonne. Die Haselnußsträucher am Weg sind noch naß, aber dafür ist die Luft jetzt sauber, und die Sicht ist auch hervorragend.

An den felsigen Hängen haben sich Brombeerbüsche festgesetzt, in zwei, drei Wochen könnte man sicherlich ein Eimerchen mit auf den Weg nehmen.

Hinter einer Wegbiegung ändert sich die Landschaft. Da ist auf einmal dichter Wald mit Eichengehölz an den Rändern, zum Hang hin federnder Nadelboden, an der Böschung struppiger Besenginster. Das tief eingeschnittene Tal am Westhang des Mönchsbergs weckt eher Erinnerungen an Wolfsschluchtszenen in der Oper als an milde Rebenhänge. Doch die Karte versichert uns, daß wir uns nicht verlaufen haben, und dann bestätigt es ein mächtiger Klotz Grauwacke am Weg mit dem vertrauten Zeichen. Links geht ein Pfad hoch zur *„Akropolis"*, weiß der Teufel, warum der Aussichtspunkt so heißt.

„Aufstieg bis zu einem weißen Gipfelkreuz"

Schließlich eine Biegung. Sie gibt den Blick frei auf *Mayschoß*. Wie in einer Schüssel liegt das Dörfchen im Tal zwischen sanften und romantisch zerklüfteten Weinbergen. Die Rebflächen an den Hängen in der Ferne sehen aus wie frisch gekämmt. Ein kleiner Traktor tuckert unten im Tal, irgendwo bellt ein Hund. Ein Feuer, das die Winzer bei der Arbeit mit dürrem Weinlaub unterhalten, würzt noch halbstundenlang die Luft.

„Wie gemalt" sagt der ahnungslose Volksmund wohl zu solchem Bild des Friedens. Die Vokabel läßt tief blicken, denn offenbar haben zu viele Landschaftsmaler ihr geduldiges Modell immer nur im Sonntagsstaat gemalt.

Der Weg im Tal von Mayschoß führt auf halber Hanghöhe weit um den Ort herum, stellt immer neue Blickwinkel bereit. Wie aus dem Baukasten sind die Häusen an den Straßen aufgereiht. Vom Kirchturm schlägt es vier: jetzt sind wir schon anderthalb Stunden unterwegs.

Als wir an die Ahr zurückkehren, wird der Weg für kurze Zeit beinah alpin. Durch die Schieferfelsen steigen wir wie durch eine Klamm im Hochgebirge, dabei ist die Spitze mit der *Saffenburg* gegenüber nur 250 Meter hoch.

Unten hat sich in den schmalen Streifen zwischen Fluß und Straße tatsächlich ein Campingplatz gezwängt: Home sweet home mit Gartenzaun und Steilwandzelten.

Vor uns liegt jetzt das Winzerdörfchen *Rech*. „Winzerfleiß und Sonnenschein schaffen edlen Wein" steht an einem Haus.

Wir wenden uns bergan. Oben führt der Weg wieder durch ein Waldstück, drüben reckt sich der Aussichtsturm vom *Krausberg* in die späte Sonne, dann verlassen wir endgültig und in Serpentinen die Rotweinwanderstrecke. Schließlich wollen wir noch irgendwo auf einen Schoppen einkehren. Einer muß genügen. Der Wahlspruch von Fausts Saufkumpan in Auerbachs Keller zu Leipzig: „Nur gebt nicht gar zu kleine Proben; denn wenn ich judizieren soll, verlang ich auch das Maul recht voll." – dieses süffige Motto stammt noch aus einer Zeit, als der Führerschein und die Kartei zu Flensburg nicht erfunden waren.

Vorbei an der *Kirche* von *Dernau* erreichen wir wieder den Parkplatz an der Ahr, wo wir vor rund drei Stunden den Wagen gelassen haben.

Ein halbes Hundert Kaffeetanten hat gerade den Schankraum der Winzergenossenschaft verlassen, viele umringen den Souvenirhändler in seinem Karren nebenan. – „Kutt ir us Kölle?", will der wissen. „Enä", heißt es im Chor, „mir sin vun Leschenisch!" Auch die Provinz, so scheint's, hat ihren Stolz.

Rotweinwanderung an die Ahr

Weglänge: etwa 10 km

Anfahrt:
Autobahn Köln–Koblenz; entweder Abfahrt Altenahr, über B 257
bis Altenahr oder Anfahrt Bad-Neuenahr/Ahrweiler über B 267
bis Dernau (gesamte Fahrstrecke hin und zurück ca. 140 km).
Parkmöglichkeit an der Straße.

Einkehrmöglichkeiten:
in allen Orten im Ahrtal.

Wanderkarte:
Das Ahrtal (1 : 25 000); Eifelverein. Der Rotweinwanderweg mißt
insgesamt 30 km (Altenahr bis Lohrsdorf) und berührt dabei elf
Winzerorte. Zu jedem besteht mindestens eine Verbindung, so
daß viele individuelle Teilstücke erwandert werden können.

Wanderweg:
Von Dernau ① mit Bus oder Bahn nach Altenahr ②, dort Richtung Burg Are bergaufwärts, auf halber Strecke links abbiegen
dem Wanderzeichen „rote Traube auf weißem Grund" nach, weißes Gipfelkreuz, auf der Höhe am Hang entlang zwischen Weinbergen. Wald. An einem Felsbrocken mit Wanderzeichen vorbei
(Weg zur „Akropolis" links ③ liegen lassen) weiter bis zur Wegbiegung, die den Blick auf Dorf Mayschoß freigibt. Am halben
Hang rund um die Ortschaft bis an die Ahr. Durch Schieferfelsen
④ an Campingplatz vorbei zum Dorf Rech ⑤, dort bergaufwärts,
durch Wald, Rotweinstrecke verlassen, in Serpentinen bergabwärts nach Dernau ①.

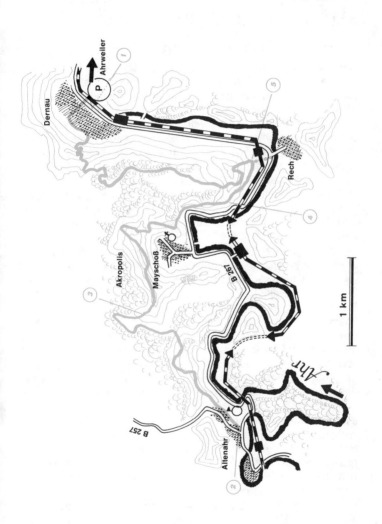

Tippeltour 16:

Ruinen, Krapfen und zischende Gänse

Der Wagen trommelt über die weißen Balken, die als Farbproben die Fahrbahn der Autobahn nach Aachen schraffieren. Wir nähern uns *Düren.* Längst ist die Gegend flach und schmucklos, die ausgeschilderten Ortsnamen erinnern an frühe Romane von Böll. Wir verlassen die Autobahn in Richtung Düren, halten uns auf der B 56 rechts, passieren *Birkesdorf,* eben jenes Örtchen, das durch die Bläck Fööss noch immer in aller Munde ist, fahren nach *Echtz,* dann nach *Geich* und stoßen endlich bei *Obergeich* auf die *B 264* nach *Aachen.*

In *Langerwehe,* kurz vor dem Bahnhof, geht die Talstraße nach *Schevenhütte* links ab, wir folgen ihr den *Wehe-Bach* hinauf, und nach rund drei Kilometern sind wir am selbstgesetzten Ziel.

An der Auffahrt zur *Laufenburg* stellen wir den Wagen auf dem *Wanderparkplatz* ab und tippeln los (Wege „A 3", „A 4" und „A 10"). Es geht sacht bergauf; schon in der Kurve verlassen wir bei der grün-weißen *Eisenschranke* die Fahrstraße nach rechts. Durch Kraut und jungen Wald folgen wir unseren Zeichen. Nach knapp vierhundert Metern stoßen wir vor Fichten und hohen Buchen auf eine lichte Kreuzung. Der „A 3" verläßt uns hier nach links und steigt hinüber zur Laufenburg. Wir halten uns hart rechts und nehmen den gestreuten Fahrweg („A 4" und „A 10"). Es geht zunächst durch Buchenpflanzungen; im Laubwald wendet sich der Weg nach links und führt als „Oberbuschweg" für hunderte Meter schnurgeradeaus.

In einer Linkskehre verläßt uns der breitere „A 10" scharf nach rechts, wir folgen dem „A 4" geradeaus. Kaum zweihundert Meter weiter, bei einer Schneise mit einer kleinen Lichtung rechts, verlassen wir den markierten Weg, der nun links der Schneise folgt, und wandern weiter geradeaus. Die einmal eingeschlagene Südostrichtung behalten wir bei; der Wald wechselt zwischen Fichten und Eichen. Einen Querweg nach etwa achthundert Metern auf dem unmarkierten Stück berühren wir nur kurz, es geht nur zehn Meter nach links und dann schon wieder rechts, wieder auf die Mittagssonne zu.

Endlich stoßen wir auf einen Querweg, der an den Bäumen durch *weiße Winkel* gekennzeichnet ist. Die Landkarte hat recht

behalten. Vor uns, am Fuß der Böschung, verläuft die Wald-
straße von *Schevenhütte* über *Gürzenich* nach *Düren*. Wir folgen dem neuen Weg nach links.

Irgendwo trommelt ein Specht auf trockenes Holz. Er muß ganz
nah sein, aber wir können ihn nur hören, nicht sehen.

So stoßen wir auf eine Abzweigung, bei der mehrere Wege
schnurgerade zusammenlaufen. Zu dem *weißen Winkel,* der uns
hergeleitet hat, gesellt sich jetzt ein *weißes Dreieck* (Weg 5 a).
Wir steigen über eine Barriere aus Eisen und folgen dem doppelten Zeichen. Nach genau einem Kilometer endet dieses Wegstück, wir müßten nun nach links, aber zunächst halten wir uns
rechts, wo uns eine Tafel die *Klosterruine Schwarzenbroich*
verheißt.

Unser Sinn für Klosterruinen ist an Caspar David Friedrich
geschult, deshalb sind wir von den Trümmern, die wir an der
nächsten Ecke vorfinden, einigermaßen enttäuscht. Außer ein
paar verwitterten Mauerresten mit bemoostem Holunder-
gestrüpp ist nichts zu sehen. Hätte hier ein Römerlager oder ein
mittelalterlicher Hühnerstall gestanden, dann könnten die Rudi-
mente kaum anders aussehen. Durch die Büsche hat sich ein
Pfad erhalten.

Wir kehren zurück bis zum Wegekreuz und folgen weiter dem
„5 a" (weißes Dreieck). Schon nach etwa hundertfünfzig Metern
nahmen wir den Querweg („A 9") nach links. Hier haben wir nun
Birken rechts und links. Nach zweihundertfünfzig Metern, ehe
rechts ein Fichtenstück beginnt, folgen wir dem „A 9" nach

Kapelle am Weg zwischen Echtz und Geich

rechts. Links und rechts haben Wildschweine neben den Blau-
beerbüschen nach Wurzeln gewühlt. Jetzt stecken die Viecher
im Unterholz, und wir hoffen, daß sie da auch bleiben.

Am „Franzosenkreuz", unserem zweiten Etappenziel, stoßen wir
wieder auf den Wanderweg „5". Das massige Steinkreuz am
Wege verrät, weshalb es hier steht: „Anno 1679 ist alhier ein
französischer Offizier Ermordet und Begraben." Mitten im Frieden ist das geschehen, und deshalb hat der Tote noch dreihundert Jahre später sein separates Grab. Keine zehn Kilometer
weiter südlich liegen bei Hürtgen und Vossenack die toten
Offiziere zu Hunderten und Tausenden. Die Einwohnerzahl einer
mittleren Großstadt ist damals bei der letzten deutschen Offen-
sive gefallen.

Neben dem Weg schlängelt sich ein Bach mit rostrotem Wasser
in verschlungenen Mäandern durch den federnden Waldboden.
Die Sonne hat sich hinter Wolkenschleier verzogen und wirft nur
noch selten gebündeltes Streiflicht durch die Baumkronen.

Nach etwa einem Kilometer stoßen wir wieder auf den Weg
„A 3", der uns nun nach rechts hinauf und durch den Wald zur
Straße führt. Rechts vor uns liegt die Silhouette der Laufenburg.
Der wehrhafte Bau ist noch bewohnt und beherbergt einen
landwirtschaftlichen Betrieb. Der Misthaufen dampft, aus hölzernen Schuppen und Stallgebäuden schaut das Vieh, Strohballen
liegen herum, einige Wanderer wärmen sich die klammen Finger
an den weichen Hälsen der Rinder. Durch das Burgtor mit dem
hochgezogenen Fallgitter gelangt man in den Hof. Hier duftet der
ganze Bau nach Kaffee und Vanille, das macht Appetit, und wir
entschließen uns zur Rast.

Der Ölofen bullert und wärmt, der Kaffee in den dicken Tassen ist
heiß, und die Schnitten der Reistorte sind großzügig bemessen.
Hinter der Durchreiche zur Küche erscheint eine Frauengestalt
mit knallbunten Nylonwicklern im Haar und schiebt knusprige
braune Krapfen auf die Ablage hinter der Theke. Sofort macht
sich auch hier der Geruch von Vanille breit.

Die Lampen haben Glühstrümpfe statt Birnen, und neben jedem
Kühlschrank gibt es eine Gasflasche statt einer Steckdose. Wer
hier auf Dauer sein Zuhause hat, der muß sich naß rasieren, die
Haare trocknet ihm der Wind, ein Bohrer wird von Hand gedrillt –
und wofür braucht man sonst nicht alles Strom? Für Strom aber
brauchte man Drähte, Masten und eine Schneise durch den
Wald, Gas kann man in Flaschen auf die Höhe tragen.

Die Wände sind bemalt. Eines der Bilder stellt Kloster Schwarzenbroich dar, erklärt ein Wanderer einem Begleiter. Bei der

größten Phantasie können wir keine Ähnlichkeit entdecken mit
den Trümmerresten, die wir gesehen haben.

Neben der Burg führt am Nußbaum ein Pfad steil den Berg hinab
(„5 a"). Wir kommen über den *Suhrbach,* dann folgen wir dem
breiteren Weg „A 1" am Hang entlang bachabwärts nach links
und endlich ins Tal.

Am Steinbruch „Blaue Ley" erreichen wir die Straße. Ihr folgen
wir nach links, doch schon nach fünzig Metern nehmen wir den
schmalen Weg ins *Wehetal* („A 7", „A 12").

Der Bach ist hier gestaut, wir kommen über eine Eisenbrücke,
dann geht es quer durchs Tal, bis wir auf halber Höhe uns links
halten müssen. Endlich wendet sich der Weg nach rechts und
führt nun geradewegs nach *Heistern.* Noch ehe wir dort die
„Pützgasse" erreichen, folgen wir dem *„Döllersfeldchen"* nach
links und kommen zum Dorfplatz unter Linden. Über die
„Wenauer Straße" erreichen wir dann bald das alte *Kloster
Wenau.* Ein paar Gänse zischen eine heisere Begrüßung. Noch
einmal rasten wir, nicht länger, als es braucht, um Luft zu holen
und zwei Bier zu trinken, dann wandern wir durchs Wehetal
zurück zur *Talstraße* und hier gleich links zum Parkplatz.

Innenhof der Laufenburg mit hochgezogenem Fallgatter

In den Naturpark Nordeifel

Weglänge: gut 12 km

Anfahrt:
Autobahn Köln–Aachen bis Düren, über Birkesdorf, Geich, Obergeich auf die B 264; in Langerwehe nach Schevenhütte (gesamte Fahrstrecke hin und zurück ca. 140 km). Parkplatz an der Auffahrt zur Laufenburg.

Einkehrmöglichkeiten:
Laufenburg, Schevenhütte, Langerwehe, Wenau.

Wanderkarte:
Erholungsbebiet Dürener Rur-Eifel (1:25 000).

Wanderweg:
Vom Parkplatz ① bergauf („A 3", „A 4" und „A 10"); in der Kurve bei grün-weißer Eisenschranke ② rechts in den Wald: nach 400 m Kreuzung ③. Hart rechts („A 4"), dann nach links und schnurgeradeaus. Weg „A 10" verläßt uns, nach 200 m Weg „A 4" verlassen und weiter geradeaus wandern ④. Schließlich Querweg „10 a" (weißer Winkel) ⑤. Links, an Kreuzung mehrerer Wege Weg „5 a" (weißes Dreieck) folgen ⑥ für 1 km, dann ⑦ Abstecher zur Klosterruine Schwarzenbroich. Zurück, weiter „5 a", nach 150 m Querweg ⑧ nach links („A 9"). Nach 250 m rechts („A 9"). Am Franzosenkreuz ⑨ vorüber, Bach folgen; nach etwa 1 km Weg „A 3" ⑩ rechts zur Laufenburg ⑪. Am Nußbaumweg „5 a" bergab über den Suhrbach, dann Weg „A 1" ins Tal zum Steinbruch „Blaue Ley" ⑫. Links, nach 50 m rechts „A 7", „A 12". Auf halber Höhe links ⑬; durch Biegung in Richtung Heistern ⑭. Vor „Pützgasse" Weg „Döllersfeldchen" nach links: Dorfplatz, „Wenauer Straße" bis Kloster Wenau ⑮. Zurück auf Talstraße, links und zum Parkplatz ①.

Wer nur die Laufenburg besuchen will, erreicht sie vom selben Parkplatz aus.
Südlich Schevenhütte ist mit der Wehebachtalsperre ein neues Ausflugsziel entstanden.

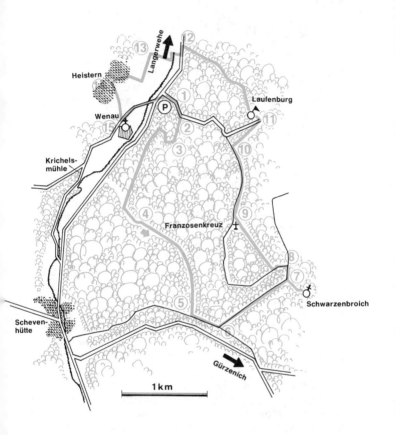

Tippeltour 17:

Am nassen Grab
der bösen Gräfin

Es grummelt über der Hügelkuppe. Das Geräusch wird zu Moto-
renlärm, der näherkommt, lauter wird und anzieht, und dann
taucht ein buntes Sportflugzeug über dem Ginster auf, zieht über
uns hinweg, überschattet für einen Augenblick die Straße, läßt
sich dann in eine weite Linkskurve fallen und beginnt seinen
Rundflug zu den Eifelmaaren.
So kann man die Schönheit der Vulkaneifel kennenlernen. Wir haben uns für die bodenständigere Art entschieden: wir tippeln.
Nach dem Frühstück sind wir aufgebrochen, haben die linksrhei-
nische Autobahn nach *Koblenz* in *Meckenheim* verlassen und
sind dann der B 257 quer durch die halbe Eifel gefolgt, über *Altenahr, Adenau* bis *Kelberg*. Dort haben wir die Hauptstraße verlassen, den Ort durchquert und sind bald darauf links über eine gut
beschilderte Nebenstrecke nach *Daun* gekommen. Von Daun
aus zeigen alle Schilder zu den Maaren; wir lassen den Mineral-
brunnen am Ortsausgang rechts liegen, halten uns links und folgen der ansteigenden Straße nach *Schalkenmehren* bis auf den
Berg. Oben halten wir auf dem Parkplatz rechts der Straße.
Der erste Panoramablick ist vielversprechend: links ein Kratersee, rechts ein Kratersee, beide wunderschön gelegen und dennoch kontrastreich. Das *Schalkenmehrener Maar* im Südosten
ist hell, bunt und belebt, ein Eldorado für Camper und Wasser-
sportler, das *Totenmaar* auf der anderen Seite liegt still in einem
tiefen Trichter, dessen Hänge nur dürftig bewachsen sind mit
Ginster und Gesträuch. Hier beginnen wir den Rundweg. Unsere
Route ist anfangs durch ein „*v*" oder ein verunglücktes Wurzel-
zeichen gekennzeichnet. Der Weg führt am Hang entlang, rechter Hand liegt der See, vor uns der *Mäuseberg*.
Drüben, über dem Wasser, das kein Lufthauch rührt, liegt weiß
zwischen dunklen Bäumen das *Weinfelder Kirchlein.* Sonst ist
weit und breit kein Haus zu sehen, das dazugehört, und dennoch
könnte die Kirche nirgendwo besser stehen. Die Hälfte aller Bilder von den Dauner Maaren wäre ungemalt geblieben, gäbe es
da nicht das Kirchlein des versunkenen Dorfes Weinfeld. Pest
und Feuersbrunst vernichteten im 16. Jahrhundert das Dorf mitsamt den Bewohnern. Übrig blieben verkohlte Steine, die Jahr-

hunderte später beim Ackern wiedergefunden wurden. Einzig das gedrungene Kirchlein blieb erhalten mit seinem Friedhof, der heute zu Schalkenmehren gehört. Auch wegen des Kirchhofs ist der Name „Totenmaar" weit treffender als die beliebige amtliche Bezeichnung „Weinfelder Maar".

Ehe wir den See zur Hälfte umrundet haben, biegt unser Weg links ab und führt uns durch Ginster und Weißdorn auf die Höhe des *Mäusebergs*. Die freie Hochfläche liegt höher als die Berge ringsum und gewährt so einen herrlichen Rundblick. Auf die Weinfelder Kirche schauen wir nun von oben herab, jenseits des Sees liegt der *Flugplatz Senheld* ausgebreitet, von wo die kleinen Rundflugmaschinen starten, im Norden erstreckt sich *Daun,* und

Schalkenmehren

Danktafeln in der Weinfelder Kirche

auf der gegenüberliegenden Seite sind die Kuppeln der *Eifel-sternwarte Hoher List*, die der Universität Bonn gehört, auszuma-chen.

Der See ist unergründlich tief, mit 51 Metern das tiefste Maar von Daun, und könnte man bis auf den Grund blicken, so sähe man dort ein versunkenes Schloß. Zumindest will es so die Sage. Eine böse Gräfin sank einst mit dem Schloß in die schwarze Tiefe; als ihr Mann, der gute Graf, vom Wald zurückkam, fand er einen See vor, auf dessen Wassern die Wiege mit seinem unschuldigen Kindlein schwamm. Sah's, nahm's und ritt in die weite Welt. So einfach und so schön ist die Moral der Sage.

Auf den Holzbänken versammeln sich die Wanderer, und man könnte glauben, der Mäuseberg sei die höchste Erhebung Hol-lands, denn es sind vor allem Holländer, die hier die Landschafts-form genießen, die sie daheim entbehren müssen.

Einer klopft die ganze Zeit mit großem Gleichmut graue Steine auf, sieht, daß sie innen gleichfalls grau sind, und wirft sie achtlos weg. Andere Mineralogen haben mehr Glück beim Steinesam-meln. Am Parkplatz kann man sie immer mal beim Fachsimpeln antreffen.

Am Rand des Mäusebergs steht der *Dronke-Turm*. Anno 1902, so verkündet es die Tafel, hat der dankbare Eifelverein „seinem Begründer, dem Eifelvater Adolf Dronke" aus hartem Eifelbasalt ein haltbares Denkmal errichtet, das außerdem noch nützlich ist: über eine enge Wendeltreppe aus Waffelblech steigen wir im In-nern des Eifel-Turms zehn Meter hoch. Durch die Waldschneise

entdecken wir das *Gemündener Maar*, ein Bild wie aus dem „Tell" von Schiller: „Es lächelt der See, er ladet zum Bade . . ."
Mehrere Wege führen vom Turm abwärts. Wir wählen den, der in Marschrichtung am weitesten links liegt, und beginnen den Abstieg inmitten von Haselnußsträuchern. Bald öffnet sich ein lichter Buchenwald, durch den wir das Maar von Gemünden schimmern sehen. In sanften Windungen steigen wir talwärts, den See immer rechts unter uns. So erreichen wir das „Wald-Café".
Während wir draußen auf den Kaffee und die empfohlene Flokkensahne warten, haben wir Zeit, das kleine *Moltke-Denkmal* vor dem Haus zu inspizieren. Hat der große Stratege hier seinen Sieg

Weinfelder Kirche: Die übrige Ortschaft wurde durch Pest und Feuer zerstört

von 70/71 gefeiert? Hat er hier die Weisheit formuliert: „Der ewige Friede ist ein Traum, und nicht einmal ein schöner"? Mitnichten. „Hier feierte Helmuth von Moltke seinen Geburtstag am 26. October 1847" steht auf der Plakette. Damals war er noch Major. Das Denkmal aber hat man ihm wohl erst gesetzt, als er Generalfeldmarschall oder gar schon tot war. Bei einem Major ist der 48. Geburtstag wohl noch kein Denkmal wert.

Nach Moltkes Siegen – das muß man ihm lassen – kamen nur noch Niederlagen. Auch daran erinnert ein Denkmal, nur einen Steinwurf vom ersten entfernt. Die Inschrift nötigt den Leser: „Wanderer, ruhe allhier / Gedenke der Söhne des Volkes / Die starben zum Schutz der Heimat / Wie Pflicht und Gesetz es geboten."

Die glatten Verse, die wohl über den holprigen Inhalt hinweghelfen sollen, wollen mir bekannt vorkommen. Der Dichter hat sie einfach abgeschaut beim alten Griechen Simonides von Keos. Während wir weitermarschieren, versuche ich, die Thermopylen-Grabschrift zusammenzubringen, die wir vor langen Jahren in der Schule lernen mußten, bis es mir gelingt: „Wanderer, kommst du nach Sparta, verkündige dorten, du habest uns liegen gesehen, wie das Gesetz es befahl."

Der Weg steigt weiter an, wir folgen den Tafeln zur Skipiste, rechts unter uns noch immer das flaschengrüne Maar. Von der Badeanstalt und der Bootsanlegestelle dringt Kindergeschrei nach oben. Der fast kreisrunde Kratersee scheint ein Zeuge der Erdentstehung zu sein, aber die drei Maare bei Daun sind noch keine elftausend Jahre alt, gehören also erdgeschichtlich zur allerjüngsten Vergangenheit. Selbst der letzte Neandertaler hätte auf das erste Dauner Maar noch über 30000 Jahre warten müssen. Darüber ist er dann ausgestorben.

Entstanden sind die Maare durch die Sprengkraft verborgener Vulkane. Die neuen Trichter in der ansonsten längst geformten Landschaft füllten sich mit Wasser und halten seitdem konstant ihren Pegelstand. Das Gas, das nicht vulkanisch explodiert ist, tritt, mit Quellwasser vermischt, mit sanftem Druck zutage, wo es gezähmt, in Flaschen abgefüllt und als Mineralwasser verkauft wird.

Wir passieren den Skilift und stehen bald an den steilen Hängen einer großen Sandgrube, in deren Wänden die vulkanischen Ablagerungen deutlich geschichtet zu sehen sind. Ehe wir die Straße ereichen, nehmen wir irgendeinen unmarkierten Weg nach rechts; vor der mit Ginster und struppigem Gras bewachsenen Kuppe wenden wir uns links, wo wir, und diesmal aus der Nähe, die *Weinfelder Kirche* wiederentdecken. Vom Friedhof auf die andere Seite ist der Blick genauso malerisch wie umgekehrt. Wir betreten das gedrungene Gotteshaus und studieren die unzähligen Danktafeln, die links und rechts des Ganges hängen: Ausdruck einer starken, unmittelbaren Frömmigkeit, wie man sie sonst nur aus südlichen Ländern kennt. Durch den Vordereingang verlassen wir den Friedhof, folgen einem Pfad, der uns an den Rand des Trichtersees hinabführt, bis wir schließlich wieder am Ausgangspunkt stehen.

Ein herrlicher Rundweg, und ein lehrreicher dazu: Vor einer Längsschnittzeichnung durch die Maare streiten ein Vater und sein Sohn um die Frage, ob die Seen unterirdische Verbindung haben. Ein ungleicher Wettstreit, denn der Vater beruft sich nur aufs Hörensagen, der Sohn dagegen stützt sich auf Physik: „Nach dem Gesetz der kommunizierenden Röhren wäre dann das Maar von Schalkenmehren ein Springbrunnen von über 50 Meter Höhe; denn so hoch liegt das eine Maar über dem anderen." Da kann man nichts machen, der Vater resigniert und treibt seine Lieben in sein Auto, wo er wieder unumstritten ist.

Zu den Maaren in der Eifel

Weglänge: etwa 5 km

Anfahrt:
Entweder Autobahn Köln–Koblenz bis Meckenheim, dann B 257 über Altenahr, Adenau, Kelberg, Daun (gesamte Fahrstrecke hin und zurück ca. 200 km); oder bis Autobahnkreuz Koblenz, dann Autobahn nach Trier bis Daun.

Einkehrmöglichkeiten:
Wald-Café am Gemünderer Maar, in Daun und Schalkenmehren.

Wanderkarte:
Zentrale Vulkaneifel (1 : 25 000), Eifelverein; oder 5807 Gillenfeld (1 : 25 000).

Wanderweg:
Parkplatz ① auf Anhöhe der Straße nach Schalkenmehren. Zum Totenmaar (Weinfelder Maar), dort links halten; auf dem Weg mit „V" am Hang entlang, die Weinfelder Kirche im Blick. Auf halber Seehöhe, Weg nach links einschlagen ② zum Mäuseberg mit Dronke-Turm ③. Zum Abstieg den Weg wählen, der in Marschrichtung am weitesten links liegt. Am See Café mit Moltke-Denkmal ④. Von hier bergaufwärts, den Schildern zur Skipiste nach. Am Skilift vorbei ⑤ zur Sandgrube. Vor der Straße auf einem der Wege nach rechts. Vor der Kuppe nach links zur Weinfelder Kirche ⑥. Vom Vordereingang aus Weg zum Totenmaar ⑦ zurück zum Parkplatz ①.

Eine Besichtigung wert ist auch die Glockengießerei in Brockscheid, nicht weit von den Maaren an der „Eifel-Ardenne-Straße".

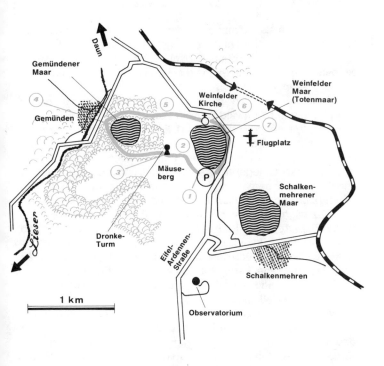

Daun

Gemündener
Maar

Gemünden

④

Weinfelder
Kirche

⑤

⑥

Weinfelder
Maar
(Totenmaar)

⑦

Flugplatz

②

Mäuse-
berg

③

①

P

Schalken-
mehrener
Maar

Lieser

Dronke-
Turm

Eifel-
Ardennen-
Straße

Schalkenmehren

1 km

Observatorium

Tippeltour 18:

Einkehr zum Eintopf aus der Klosterküche

Zuletzt war ich als Quintaner in *Mariawald*. Das war noch in den fünfziger Jahren, da ist nicht mehr viel im Gedächtnis geblieben. Nur daß es eine wunderbare Erbsensuppe gab, die man sich für ein paar Groschen Taschengeld schon leisten konnte, habe ich nie vergessen.

Jetzt, gut zwanzig Jahre später, sind wir wieder unterwegs zu den Trappisten von Mariawald. In Köln-West auf die Autobahn nach *Koblenz*. Wir nehmen die Abfahrt *Erftstadt/Zülpich*. Hinter *Lechenich* wird die Erde flach, die Allee verläuft zwischen Rübenäckern immer geradeaus, bis die Straßenbäume im Herbstnebel verschwinden. Gelegentlich tauchen links und rechts Kirchtürme und Dächer aus dem Bodennebel auf. Die Dörfer ringsum heißen *Diesternich* und *Sievernich*, *Rövenich* und *Bessenich*, *Merzenich* und *Sinzenich* und *Bürvenich* und *Eppenich*. Wir folgen der *B 265* durch *Zülpich*, hinter *Wollersheim* wird das Gelände wellig, ab *Vlatten* wieder hügelig, bei *Hergarten* schließlich beginnt der Wald. Hier hat sich auch der Dunst gelichtet, die Farben leuchten klar, das trockene Farnkraut schimmert zimtbraun, das Laub wechselt von gelb bis kupferrot, dazwischen weiße Birkenstämme und grüne Nadelhölzer.

Ehe wir *Gemünd* erreichen, zweigt rechts die Straße nach *Mariawald* und *Heimbach* ab und bringt uns über Serpentinen – denn längst ist der Wald auch gebirgig – an unser Ziel. Hoch über herbstbraunen Linden und Kastanien erhebt sich weiß die schlanke gotische Klosterkirche, links schließen sich die Klostergebäude an und der „Erfrischungsraum". Alle Tische sind besetzt, auf allen Tischen dampft die Erbsensuppe, die Enden der Bockwurst ragen gefährlich weit über den Tellerrand hinaus. Eine Mark zwanzig kostet der Teller Suppe, zweifünfzig mit Wurst. Im Geist stellen wir ein Menü zusammen für die Zeit nach der Rückkehr, denn erst müssen wir tippeln: Ein safrangelber Klosterlikör, dann selbstverständlich Erbseneintopf und dazu ein Trappistenbier.

Am Ende des großen Parkplatzes beginnt der Weg zum nahen Soldatenfriedhof. Ihn lassen wir rechts liegen, denn einige Schritte später entdecken wir die Markierung des Eifelvereins, ein *schwarzes Dreieck*: hier beginnt unser Weg. Rund einen Kilometer folgen wir der *Wanderstrecke „4"* durch niedrigen Mischwald, dann stoßen wir auf die Straße und einen Wanderparkplatz, an dem viele Wege zusammenlaufen. Ein Paar in fescher Wanderkluft kommt fröhlich pfeifend um die Biegung, als sie uns sehen, stutzen sie kurz und stimmen dann wieder ihre Koloraturen im Marschschritt an. Links rupft ein Esel Gras, ein schwarzes Pony scharrt mit stämmigen Beinchen den Boden.

Wir machen einen Abstecher zum „Haus Kermeter", das zweihundert Meter weiter an der Straße liegt. Rund um dieses Wanderheim sitzen Tauben und Fasanen in Volieren, Pfaue stolzieren mit ruckartigem Kopfnicken über den staubigen Boden, ein Hahn kräht stimmbrüchig und duckt mal schnell eine Henne, die ihm wohl zu nahe gekommen ist. Ein Schild am Haus bietet Einkehr für Wanderer, aber wir sind ja gerade erst losmarschiert und haben noch viel vor uns.

Zurück am Parkplatz im Wald, folgen wir dem *Weg „5"* (wieder ein *schwarzes Dreieck*) in den Wald, es geht ein Stück an einem Drahtzaun entlang, bis wir wieder auf die Straße stoßen, wo an einer grün-weißen Eisenschranke der Weg endgültig in den Laubwald führt.

Der dicht bewaldete Höhenzug südlich der *Rur-Talsperre* heißt *„der Kermeter"* und war einmal das Jagdrevier von Karl dem Großen, wenn er nicht gerade Sachsen jagte.

Kloster Mariawald mit seiner gotischen Kirche

Nach rechts, also nach Norden hin, fällt der Wald sacht ab. Laubwald wechselt mit dunklem Fichtenwald, durch den aber schon bald wieder das helle Gelb des Herbstlaubs leuchtet. Nach gut zwei Kilometern stoßen wir auf eine querverlaufende Schneise, durch die Gittermasten eine Hochspannungsleitung führen. Hier verlassen wir den markierten Weg und folgen der Stromleitung nach rechts, talwärts. Nach etwa einem halben Kilometer knickt die Leitung etwas nach links ab, und der Weg führt rechts in ein dunkles Waldstück, wo mehrere Wege zusammentreffen. Der mittlere ist als *Nummer „10"* markiert und führt, wie ein kleines Schild verheißt, ins *Steinbachtal*. Nach wenigen Metern stehen wir hoch am Hang über dem wunderschönen Tal. Noch prunkt das Laub in allen warmen Herbsttönen, bald werden die Novemberstürme die Bäume kahlfegen.

Der *Weg „10"* fällt behutsam ab ins Tal. Man spürt die Neigung in den Waden. Endlich stoßen wir auf den *Weg „9"*, der von links in einer Biegung um den Berg kommt und nach rechts hin das Steinbachtal umläuft. Weit vor uns liegt das schmale *Staubecken von Heimbach* mit dem Wehr, links erhebt sich am gegenüberliegenden Ufer der *Meuchelberg*.

Wir überqueren den Weg und steigen an einer kleinen Eiche, die das Blechschild mit der *„10"* trägt, auf einem Zickzackpfad abwärts. Ein Weg ist kaum noch zu erkennen, auch kein Zeichen ist zu sehen, nur einige grobe Winkel sind mit stumpfem Pinsel an die Stämmchen der Eichen ringsum gemalt. Ein Eichelhäher rätscht verärgert im Geäst, hier kommt wohl selten jemand entlang, der ihn in seinem Frieden stört. Wir stoßen an einen Zaun, hinter dem zwischen Bäumen *Haus Steinbach* liegt. Weiter geht es abwärts. Jetzt hat uns auch ein Hund entdeckt, ein zweiter fällt in das Gekläffe ein. Zwei Ponies nagen einander zärtlich im Nakken. Eine Nuß klatscht neben uns ins Gras.

Bei der *Pension Klinkenberg* kreuzen wir den *Steinbach*; auch hier gibt es Hunde, und auch die bellen auf Teufel-komm-raus.

Endlich stehen wir am Ufer des *Staubeckens*. Rechts, hinter der Biegung, liegt *Heimbach*. Einen Augenblick denken wir daran, in der „Terrasse am See" einzukehren, aber die Zeit ist fortgeschritten, und bis zum Kloster ist es noch ein gutes Stück zu laufen. Im dunklen Wasser spiegelt sich die Wand des Meuchelbergs, ein paar bunte Erpel paddeln ruhig von Blatt zu Blatt, das auf dem unbewegten Wasser niedergeht. Drüben liegt eine Batterie Tretboote und wartet auf den nächsten Sommer.

Am Stauwehr fällt das Wasser aus dem Becken schäumend in die Tiefe und wird wieder zur Rur. Auf schwankendem Blech passieren wir das Wehr. In den Strudeln vor der Sperre kreiselt eine Latte, am sinkenden Laub kann man die Strömung der gurgelnden Strudel verfolgen.

Am linken Ufer führt ein Spazierweg bis unter die Burg *Hengebach*, die romantisch auf den Felsen thront. Kurz vor der Burg führt eine Fußgängerbrücke über die Rur. Wir gönnen uns nur einen kurzen Abstecher zur Burg, denn allmählich kommt die Dämmerung, und das letzte Wegstück verspricht noch einmal anstrengend zu werden. Vom Wehrgang der Burg, und auch vom Burgrestaurant, hat man einen malerischen Überblick über das schmucke Städtchen. Wir müssen ein Stück der Straße nach Mariawald folgen, dann zweigt links ein Fußweg ab. Das Schild weist die Felswand hoch nach *Mariahöh'* und *Mariawald*, und damit man es sich nicht zweimal überlegt, ob man den steilen Aufstieg nehmen soll, ist mit roter Farbe darunter geschrieben: romantisch. Für Kurzatmige – und das werden hier alle – sollte man dazu schreiben: beschwerlich, denn jetzt beginnt ein kräftezehrendes Steigen in immer engeren Kehren.

Längst sind wir hoch über der Burg, allmählich verliert sich auch der Lärm der Straße, und auf einmal hören wir das dünne Läuten der Klosterglocke, das durch den Wald zu uns weht. Bei der Hütte „*Mariahöhe*" haben wir das Schlimmste geschafft, jetzt geht es ziemlich ebenmäßig durch Wald und Wiesen bis zum Kloster. Die Erbsensuppe haben wir uns redlich verdient, aber die Tür zur Gaststätte ist verschlossen, nur eine Reinemachefrau wienert noch die Glasflügel. Für Augenblicke bin ich auf die Schweigemönche von Mariawald nicht gut zu sprechen, aber schließlich siegt die Einsicht: Der Parkplatz ist fast leer – wer sollte jetzt noch, außer uns, um Suppe bitten?

Die Dame an der Glastür erweist sich als gesprächig. Sie deutet auf ihr Putzmittel: „Zu Hause würde ich das teure Zeug nicht nehmen." Sie scheint den Betrieb gut zu kennen, deshalb frage ich sie, wieviel Suppe hier täglich und vor allem sonntäglich ausgegeben wird. „Der Kessel hat 500 Liter", sagt sie, „aber heute war es mehr." An den Fingern zählt sie die Kellner ab: „Der Fiet, der Gerd und der Willi, die hatten jeder mehr als tausend." Wenn wie sonntags der Andrang besonders groß ist, ist schon am Vortag ein Kessel auf Vorrat gekocht: „Tausend Liter waren es heute bestimmt." Ich denke an meinen knurrenden Magen: Heute hätten die Trappisten einen Liter mehr verkaufen können, wenn sie nur gewollt hätten.

Von Mariawald nach Heimbach

Weglänge: gut 10 km

Anfahrt:
Autobahn Köln–Koblenz bis Erftstadt/Zülpich. Dort über B 265 über Zülpich, Wollersheim, Vlatten, Hergarten, Abzweigung nach Heimbach/Mariawald (gesamte Fahrstrecke hin und zurück ca. 140 km). Parkplatz am Kloster Mariawald.

Einkehrmöglichkeiten:
am Weg wie beschrieben, in Heimbach und im Erfrischungsraum des Klosters (schließt mit einbrechender Dämmerung).

Wanderkarte:
Erholungsgebiet Dürener Rur-Eifel 1 : 25 000.

Wanderweg:
Vom Parkplatz ① auf den Weg mit schwarzem Dreieck einbiegen (Weg „4"). Nach 1 km Wanderparkplatz ②. Von dort auf Weg „5" (schwarzes Dreieck) nach Westen in den Wald. An grünweißer Eisenschranke vorbei in den Laubwald. Nadelwald folgt. Nach 2 km ③ Schneise mit Hochspannungsleitung. Weg „5" verlassen, Hochspannungsleitung nach rechts talwärts folgen. Nach ca. 500 m ④ Leitung links liegen lassen und rechts in den Wald bis Kreuzung. Weg „10" Richtung Steinbachtal. Weg „9" überqueren ⑤, an einer Eiche mit Schild „10" aufwärts. An Haus Steinbach vorbei abwärts, bei Pension Klinkenberg den Steinbach kreuzen, Staubecken ⑥, rechts nach Heimbach. Vorbei an Burg Hengebach ⑦. Auf die Straße nach Mariawald ⑧, dann links auf Fußweg ⑨, in engen Kehren Felswand hoch. An der Hütte „Mariahöhe" ⑩ vorbei zum Kloster.

Ein kürzerer Weg ist möglich entlang der Klostermauer durch das Ruppental über den Kreuzweg nach Heimbach, zurück wie beschrieben.

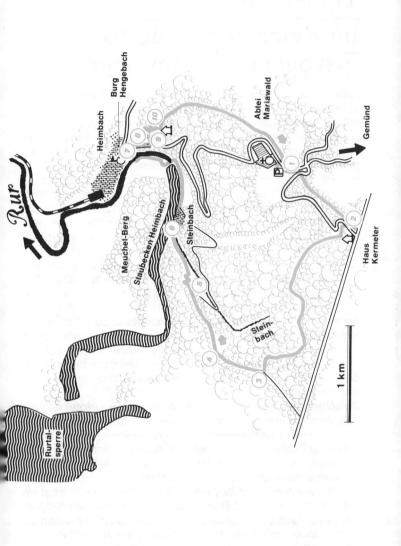

Tippeltour 19:

Im Reich von Widerbart, Eisvogel und Gänsesäger

„Man steigt waldein, wandert unter herrlichen Buchen und Eichen immer bergab und hat bald den *See Laach* unter sich, der tief als ein schauerlich dunkler Waldkessel da liegt und an dem andern offeneren Ende das Kloster zeigt", schrieb 1844 der dichtende Historiker *Ernst Moritz Arndt* in sein Notizbuch. Etwa da, wo er den dunklen Schauer erfahren haben mag, liegt heute ein quirliger Campingplatz, und käme der Professor aus Bonn heute mit dem Auto an: er würde kaum versäumen, die Laacher Würstchen zu erwähnen. Fast jeder, der vom Parkplatz zur Straße hochstiefelt, stärkt sich am Kiosk zur Rechten. Wer weiß, was heute noch ansteht, vielleicht gilt es gar, den See zu umrunden, das geht mit einer Bockwurst im Bauch allemal leichter.

Gewiß kommt das Wort „Kloster" von „Klause", denn früher einmal suchten die Mönche die Einsamkeit inmitten der Natur, aber dann begannen sie Wein zu keltern und Bier zu brauen, Wurst zu kochen und Brot zu backen, und damit lockten sie die Besucher, die inzwischen auch die abgeschiedene Natur zu schätzen gelernt hatten. Dann legte die Bundesregierung dem Kloster Laach noch eine Autobahn bis vor die Tür, und seither dürften sich die Brüder von *Maria Laach* schon manches Mal dafür bedankt haben, daß ihre Altvorderen solch eine hohe Mauer um ihr Anwesen gezogen haben.

Zwischen dem Kloster und dem stattlichen See-Hotel ist eine Fußgängerzone entstanden, da promenieren die Ausflügler, blättern mit unvermutet erwachtem Interesse in der Klosterbuchhandlung in allerlei liturgischen und naturkundlichen Broschüren, kaufen Kreuze und Kräuterschnäpse, fallen in Scharen in die Klostergärtnerei ein, wo die Blumentöpfe augenscheinlich verschenkt werden. „Habt ihr die Rohrdommel gesehen?", fragt ein Vater seine Kinder. „Aber die müßt ihr doch gesehen haben!" Nichts zu machen, sie haben sie nicht gesehen, jetzt müssen sie alle wieder in den Laden, das ausgestopfte Viech bestaunen.

Vor dem Westwerk des Münsters drängen die Fotografen schrittweise rückwärts, bis sie an die Brüstungsmauer stoßen. Gut vierzig Meter Höhe passen nicht so leicht auf das Bild einer Pocketkamera.

Die bedeutendste Sehenswürdigkeit im Innern – zumindest, wenn man nach dem Zuspruch der Besucher urteilt – ist die hölzerne Theke mit den Prospekten und den mehrsprachigen Erläuterungen. Draußen an der Straße scheiden sich die Geister: tippeln oder gleich Kaffee trinken? Wir wollen beides und wenden uns auf der Straße nach Norden. Am Ende des Hotelgartens führt ein Asphaltweg zwischen Weidezäunen geradewegs zum See. 7,9 Kilometer – so hat es auf dem Felsbrocken an der Straße geheißen – mißt der Ufer-Rundweg. Von den Planken des Bootsverleihs aus genießen wir zum ersten Mal die Aussicht. Der See ist spiegelglatt mit Dutzenden von weißen Segeln in der Ferne. Dahinter erheben sich wie ein geschlossener Gürtel die Berge, *Veitskopf, Saustiebel* und *Krufter Ofen*, mit 463 Metern rund neunzig Meter höher als der Wasserspiegel. Der schmale Weg mit dem *weißen Winkel* führt an einer grünen Hütte vorbei. Es geht durch Brennesseln und Gehölz. Gelegentlich führt der Pfad dicht an den See heran, Birken stehen im Sumpf, von Schilf gesäumt. Hier und da liegt eine Weide mit freigespültem Wurzelwerk im Wasser. Eine Bläßhuhnfamilie macht den Sonntagsausflug, der Vater voran, die Mutter hintendrein, und am Schluß die Kleinen schreien zum Steinerweichen, weil sie nicht mitkommen. In den Zweigen lärmen die Vögel, und über dem Weg tanzen zu Tausenden die störenden Mücken. Von allen Maaren der Eifel ist

Maria Laach: Klosterkirche

der Laacher See das größte. Vor zwölf Jahrtausenden, als sich die Erdkruste längst gefestigt hatte, warfen gewaltige Gasausbrüche noch einmal Bims und Staub über die ganze Umgebung. Der Bims ist inzwischen teils in die Badezimmer und teils in die Bauwirtschaft gewandert, der Staub ist geblieben, das können alle Besucher des Campingplatzes bestätigen.

Vor dem Campingplatz verläßt der Weg den See und führt am Minigolfplatz vorüber. Eine Holztafel zählt uns vorsorglich auf, welche seltenen Pflanzen und Vögel wir bisher übersehen haben: den Lerchensporn und den Widerbart, den Fichtenspargel und das Knabenkraut, den Kalmus, den Zungenhahnenfuß und den Fieberklee. Und statt der Bläßhuhnfamilie, die uns von der Tafel bestätigt wird, hätten wir auch einen Haubentaucher sehen können oder einen Eisvogel, und gerne würden wir einmal dem Gänsesäger bei der Arbeit zuschauen, auch mit dem Zwergsäger würden wir schon Vorlieb nehmen. Aber keins der Tiere läßt sich blicken. Etwas weiter warnt ein Schild in Versen vor einem weiteren Tier: der zweibeinigen Waldsau. Immerhin, der sind wir schon begegnet.

Links neben dem großen Gatter zum Campingplatz führt ein schmaler Pfad unmittelbar am Zaun entlang: unser Weg. Hinter dem hohen Maschendraht drängen sich die bunten Zelte. Zwischen Segeltuchwänden wird gegrillt, gelesen, Wäsche gewaschen und auf die Leine gehängt.

Am Ende des Campingplatzes verlassen wir den See und folgen dem *weißen Winkel* der *Wanderstrecke „12"* den Berg hinauf. Von Schritt zu Schritt wird es ruhiger. Den Umweg nehmen wir gerne in Kauf, um oben im „Hotel Waldfrieden" Kaffee zu trinken. Durch eine Schneise im Wald blicken wir auf den See und die Kirche am anderen Ufer.

Nach einer Portion belgischer Waffeln, die sich nur in der Schreibweise von den bergischen Waffeln unterscheiden, wandern wir weiter, und weil es hier oben so ruhig ist und keine Mükken den Spaziergänger belästigen, bleiben wir auf der Höhe und folgen von nun an dem *Weg „N"*, der uns im weiten Bogen um den See herumführt. Ein fernes Läuten kommt über das Wasser, ansonsten ist es still im Wald.

Schon vor Jahrhunderten rief so die Glocke die Brüder von der Arbeit zum Gebet. Damals hieß das Kloster noch *S. Maria ad lacum*, Maria am See, und spät erst wurde aus dem lateinischen „lacus", der Name „Laach", so daß „Laacher See" eigentlich eine Tautologie ist, ein weißer Schimmel, wenn man so will.

Um 1400 war es vermutlich ein Laacher Mönch, der die Legende von *Genoveva* niederschrieb, eine melodramatische Dreiecksgeschichte aus gotischer Zeit: Genoveva ist die Gemahlin Pfalzgrafs *Siegfried von Bollenstedt*. Der unvermeidliche Schurke heißt *Golo* und ist angeblich ein Freund des Gatten. Golo liebt Genoveva, er verfolgt und bedrängt sie, aber ohne Erfolg. Die Ausgangslage ist klar, und wenn man im Alten Testament die Sache mit Potiphars Weib gelesen hat, ahnt man nichts Gutes. Golo denkt sich, wenn nicht ich, dann soll auch kein anderer usw., und bezichtigt Genoveva des Ehebruchs. Zu allem Unglück ist der Pfalzgraf auch noch reichlich übereifrig und verurteilt seine eigene Frau zum Tode. Der Henker freilich erbarmt sich ihrer und entläßt sie in den Wald, wo sie mitsamt einer Hirschkuh, die ihr die Muttergottes geschickt hat, und einem Neugeborenen ein kümmerliches Dasein fristet, bis sich endlich doch noch alles zum Guten wendet. Der böse Golo aber wird wegen Falschaussage in Tateinheit mit Lüsternheit zum Tode verurteilt und von vier Ochsen in Stücke gerissen. Leider ist davon kein Wort wahr, der fromme Schreiber hat einfach eine französische Räuberpistole als Legende aufgemacht und in die Eifel importiert. Den Pfalzgraf Siegfried freilich hat es gegeben, und nach ihm und anderen Pfalzgrafen heißt das Land zwischen *Nette* und *Brohltal* immer noch „*die Pellenz*" – *terra palatina*.

An einer Schutzhütte stoßen wir auf ein Wegekreuz. Wir studieren den großen Hinweisstein und halten uns dann weiter halbrechts auf der Höhe. Immer noch folgen wir dem „*N*". Die Sonne glänzt über dem See, der gelegentlich zu sehen ist, dahinter die Hügel der Eifel.Endlich führt der Weg aus dem Wald heraus und ins Tal. Der Teerweg läuft zwischen den Feldern geradewegs auf das Kloster zu.

Ein weiteres Mal läuten die Glocken, dann öffnen sich die Tore, und die Besucher der Abendmesse strömen ins Freie. An der Klosterpforte fragt ein Besucher nach Bruder Leonhard. Ein junger Mönch, der gerade vorüberkommt, ruft: „Bruder Leonhard ist nicht da, er hat Urlaub." Dann fällt die schwere Bronzetür ins Schloß. Die Erfahrung können wir mit nach Hause nehmen: auch Benediktiner machen Urlaub.

Rund um den Laacher See

Weglänge: gut 10 km

Anfahrt:
Autobahn Köln–Koblenz (gesamte Fahrstrecke hin und zurück
ca. 160 km).

Einkehrmöglichkeiten:
See-Hotel, Hotel Waldfrieden, Campingplatzrestaurant und
„Laacher Mühle" an der Zufahrt zur Autobahn.

Wanderkarte:
Laacher See 1 : 25 000 / Rhein-Mosel-Eifel-Touristik.

Wanderweg:
Vom Parkplatz ① Uferrundweg nach Norden; Asphaltweg ②
zwischen Weidezäunen zum See. Der Weg ist mit weißem Winkel
markiert. An grüner Hütte vorbei. Links neben dem großen Gatter
zum Campingplatz auf den Pfad am Zaun entlang überwechseln.
Am Ende des Campingplatzes vom See weg den Wanderweg
„12" bergaufwärts ③ nehmen. Hotel „Waldfrieden". Auf Weg „N"
wechseln und im großen Bogen den See umwandern. Am Wegkreuz mit Schutzhütte weiter auf Weg „N" halbrechts bleiben.

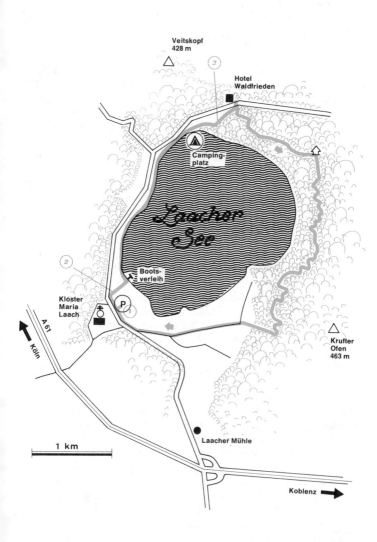

Veitskopf
428 m

Hotel
Waldfrieden

③

Camping-
platz

*Laacher
See*

②

Boots-
verleih

Kloster
Maria
Laach

P

A 61

Köln

Krufter
Ofen
463 m

1 km

Laacher Mühle

Koblenz ➤

Tippeltour 20:

Beim stolzen Wilhelm

„Der mac niht riters ambet phlegen, der niht enwil wan sanfte leben", schrieb der gelehrte Geistliche Thomasin von Zirclaria 1216
über den attraktivsten Berufsstand seiner Zeit: Wer nur ein ange-
nehmes Leben führen will, der soll nicht Ritter werden. Interes-
sant an dem Ratschlag ist nicht nur sein Inhalt, sondern vor allem,
daß er sich offensichtlich auf ein verbreitetes Mißverständnis be-
zieht. Schon im Mittelalter gab es also falsche Vorstellungen vom
Ritterleben. Das hat sich bis heute kaum geändert. Aber dabei
soll es nicht bleiben. In *Nideggen* in der Nordeifel ist vor nicht allzu langer Zeit das erste Burgenmuseum im Rheinland eingerichtet worden. Das soll zeigen, wie das Leben der Ritter tatsächlich
war.

Schon von weitem haben wir die Burg entdeckt – und kaum wie-
dererkannt. Der Bergfried trägt wieder ein Dach wie vor Jahrhunderten, oben knattern zwei Fahnen im Wind, Nideggen erwacht
zu neuem Leben.

Wir spazieren durch das *Zülpicher Tor* über die *Zülpicher Straße*
in die alte Stadt, am Marktplatz halten wir uns links. Als erstes
wollen wir die Burg besuchen. Da sind wir nicht die einzigen. Familien im Sonntagsstaat streben bergan. Daneben stiefeln Bergsteiger in voller Montur ums Auto und versorgen ihre Ausrüstung: Rote, blaue Nylonseile, Rucksackgurte, Bänder, Bergstie-
fel und leichte Kletterschuhe und klirrende Karabinerhaken bündelweise. Auch in der Eifel, nicht nur in den Alpen, blüht der Alpi-
nismus. Die Kraxler versuchen sich immer wieder an den Felsen,
die sich bei Nideggen über der *Rur* erheben. Auch die Burg liegt
auf einer solchen Felsenkanzel. *Graf Wilhelm II.*, der sie nach
1170 gegründet hat, wurde schon damals um den strategisch
günstigen Felsen beneidet. Und deshalb heißt seit jener Zeit die
Burg auch *Neid-Ecke: Nidekke*. Wir passieren die romanische
Kirche aus rotem Sandstein und erreichen den Innenhof der Burg
neben dem Bergfried, der noch völlig eingerüstet ist. Die Arbei-
ten an der Burg dauern an, auch das Museum ist noch lange nicht
fertig, aber es gibt schon viel zu sehen, nur „Sensationen haben
Sie nicht zu erwarten", wie es auf einer Schrifttafel heißt. Das ist
wohl auch gut so. Burgenmodelle hinter Glas zeigen die Vielfalt
der Formen; Bilder und Lautsprecherstimmen erläutern ihre
Funktion im Mittelalter.

Vom Dach des Bergfrieds aus hat man einen weiten Blick über das Tal der Rur. Die Sonne tanzt zwar hinter mehr als sieben Schleiern, aber dafür fällt im Dunst der Campingplatz ruraufwärts nicht so störend ins Auge wie sonst. Über eine enge, linksgedrehte Wendeltreppe bohren wir uns in das unterste Geschoß und erreichen die Kapelle. Eine seitliche Türöffnung führt uns in den Kerker. Wir drücken auf einen Knopf in der Wand. Nichts rührt sich. Na klar doch, denken wir, das Museum ist ja noch nicht fertig. Da rumpelt es schwer über uns, Ketten klirren, Scharniere quietschen, eine Tür fällt dumpf in den Riegel: Sind wir gefangen? Dann beginnt der Vortrag aus dem Lautsprecher, aus dem auch die beängstigenden Laute kamen. Hier unten hat *Graf Wilhelm IV.* von Jülich 1242 neun Monate lang den Kölner *Erzbischof Konrad von Hochstaden* gefangengehalten. Ein Vierteljahrhundert darauf hatte er wieder einen hohen Gast. *Engelbert von Falkenburg*, auch ein Kölner Erzbischof, fiel 1267 erst in die Jülicher Lande ein und dann in die Hände des Grafen. Mehr als drei Jahre verbrachte er im Kerker. Der Papst verhängte zwar den Kirchenbann über Wilhelm, aber das nützte Engelbert auch nichts. Erst als ein Intellektueller, der Kölner *Albertus Magnus*, sich einschaltete, hatte Wilhelm ein Einsehen und ließ am 16. April 1271 den Bischof frei.

Burg Nideggen an der Neid-Ecke

Immerhin hatte der Jülicher Graf Stil und wußte, was er seinen geistlichen Gefangenen schuldig war. Eigens für sie ließ er ein Guckloch in die Seitenwand des Kerkers brechen, so daß sie andachtsvoll dem Gottesdienst beiwohnen konnten. Unter ordentlichen Christenmenschen obwaltet eben Nächstenliebe. Das war damals aber auch das einzige Loch in der Seitenwand, Tür oder Fenster gab es nicht. Die Gefangenen, ihr Essen und auch der Kübel für die Notdurft wurden an Ketten durch dieselbe Luke herabgelassen, in der heute der Lautsprecher steckt.

Mit dem stolzen Wilhelm nahm es freilich auch kein gutes Ende. Er wurde bei einem Überfall auf Aachen mit einem Hammer erschlagen; zumindest erzählen das die Aachener in ihrer Sage vom „Schmied aus Aachen".

Vorbei am Zählwerk entrinnen wir dem Gefängnis, blinzeln in der Helligkeit des Nachmittags und machen uns dann auf den Weg. Am Marktplatz in der Ortsmitte halten wir uns links, am Postamt vorbei. Der ganze Ortskern ist aus rotem Stein errichtet, dazwischen nur selten schwarzweißes Fachwerk mit krummen Balken.

Der Weg ist durch einen *dreieckigen schwarzen Keil* auf weißem Grund markiert. In einer Kehre, schon außerhalb der Innenstadt, liegt der Parkplatz *Danzley*. Wir stehen hoch über den Serpentinen der Straße nach *Brück*.

Jenseits der Straße, im Nordwesten, machen wir Bergsteiger aus, die in der steilen Wand hängen. Zu diesen Felskanzeln soll uns der Weg führen. Wir folgen der Biegung und stoßen nach etwa 200 Metern auf die Straße ins Tal. Auf der anderen Seite beginnt der „*Schürmann-Weg*", der *Weg Nummer „5"*, dem wir von nun an folgen. Er bringt uns durch eine schmale Schlucht mit einem ausgewaschenen Bachbett im roten Sandstein. Auch der Waldboden ist so rot wie die Felsen ringsum, nur die Eichen zeigen noch goldgelbes Herbstlaub. Der Weg führt bergauf bis zur ersten Aussichtskanzel zwischen Kiefern. Drüben auf der Höhe liegt die Burg im Dunst, links tief unter uns plätschert ein Klärwerk. Da taucht hinter dem grünen Geländer, dicht vor unseren Füßen, eine Hand über der Gesteinskante auf, gleich darauf eine zweite, schließlich ein verschwitztes Gesicht unter einem orangefarbenen Helm. Der Kletterer würdigt uns keines Blickes. So, als sei es die natürlichste Sache der Welt, dieses Fleckchen Erde auf seine Weise zu erreichen, statt auf unsere bequeme Art, zieht er sich am Geländer hoch, schlingt ein paar Knoten und ruft dann in die Tiefe: „Stand!". Nichts rührt sich vorerst unter ihm, deshalb klettert er wieder zwei, drei Meter abwärts und hängt nun am Seil, frei zwischen Himmel und Erde.

Eifel-Alpinismus

Wir folgen weiter dem *Weg „5"* des Eifelvereins. Er führt uns über federnden Waldboden durch Nadelwald, dann wird es wieder heller; zwischendurch immer wieder schöne Durchblicke auf die Gegend und immer wieder auch Aussichtspunkte auf den Felskanzeln. Ein weißes Kreuz taucht rechts am Weg auf. Ist hier einer abgestürzt? Nein: „Hier fand der Feuerwehrmann Heinrich Düster aus Nideggen am 9. September 1911 den Flammentod." Den fand er wahrscheinlich, ohne ihn zu suchen. Bei einer hölzernen Schutzhütte, ehe der Weg sich nach Norden wendet, entdecken wir unter uns die Rur. Wir müssen wieder durch malerische Felsenpartien steigen. Es ist, als ob der Weg an Schönheit sich ständig selber überbieten wolle. Einer der Felsen hat sogar einen Namen: Er heißt „Hindenburg", wie der Reichspräsident. Schließlich erreichen wir eine Wegegabel vor der Hügelkuppe. Eine einsame Kiefer am Wegesrand zeigt uns an, daß wir hier die „5" verlassen müssen. Wir folgen nun dem *Weg „6"*, der auch durch ein *„s"* gekennzeichnet ist, allmählich ins Tal. Anfangs sehen wir noch links über uns den Weg, über den wir gekommen sind. Es geht über zwei Kilometer bergab, da spürt man bald das Gefälle in den Waden. Unten im Rurtal verlassen wir den Wald und wenden uns bei einer Stromleitung in einer Spitzkehre nach rechts. So erreichen wir die Eisenbahnlinie *Düren–Heimbach*. Die Schranke vor uns ist verschlossen. Daneben führt ein Fußweg über die Schienen. „Überschreiten der Gleise ist verboten". Keiner, der hier spaziert, achtet auf das Schild, und weil jenseits der Schienen das Gut Kallerbend liegt, wo wir Kaffee trinken wollen, gelangen auch wir irgendwie auf die andere Seite. Trotz der geschäftsschädigenden Verbotstafel ist das Gasthaus fast bis auf den letzten Platz gefüllt, und die Reistorte ist schon alle. Wir bleiben anschließend auf dem Teerweg, halten uns rechts und wandern im Bogen den Bahndamm entlang. Ein Kleiner ruft vor uns laut „Hallo, Hallo" über die Felder hinweg zu den Hängen hinter der Rur, und ein klares Echo antwortet ihm. „Ich bin Sieger", ruft er da, aber gegen das Echo kann er nicht Sieger werden. Nach etwa einem Kilometer stoßen wir auf die *Rur*. Einige Wildwasserpaddler verstauen gerade ihre Boote.

Unser Weg führt uns nach links. Zwei Wanderer orientieren sich am Haltepunkt *Zerkall* am Fahrplan. „Das dauert zu lange", meinen sie und wandern weiter. Warum ist wohl das Passieren der Gleise verboten, wenn so selten ein Zug kommt, der zudem, als er uns eine halbe Stunde später begegnet, an jedem zweiten Baum mit lautem Ton zur Warnung pfeift? Wir wandern den *Weg „K"* und *„S"* ruraufwärts, und bald taucht vor uns auf der Höhe die

Burg auf. Wir erreichen den Fluß, grüne Algen mit langen Bärten schwanken sacht in der Strömung. In *Brück* überqueren wir die Straße und biegen auf der anderen Seite in den *„Schüdderfelder Weg"* ein. Wir passieren den Schüdderfelder Hof. Wo der Teerweg eine Biegung um die Weiden macht, halten wir uns links und steigen über den Fußweg im Taleinschnitt bergauf. Wir sind jetzt auf dem *Weg „10"* des Eifelvereins. Über Treppenstufen erreichen wir den *Kurpark* und bald darauf den Parkplatz.

Hier fand der Feuerwehrmann Heinrich Düster den Flammentod

Rund um die Burg Nideggen

Weglänge: knapp 10 km

Anfahrt:
Autobahn Köln–Koblenz bis Erftstadt/Zülpich. Dort über die
B 265 über Zülpich, Wollersheim, Berg (gesamte Fahrstrecke hin
und zurück ca. 140 km). Parkplatz am Zülpicher Tor.

Einkehrmöglichkeiten:
in Nideggen, am Weg Gut Kallerbend, in Brück Haus Belden.

Wanderkarte:
Dürener Rur-Eifel 1 : 25 000; Eifelverein.

Wanderweg:
Am Marktplatz von Nideggen ② links halten, am Postamt vorbei.
Der Weg ist durch dreieckigen schwarzen Keil auf weißem Grund
markiert. Parkplatz Danzley ③. Nach ca. 200 m Straße zum Tal
überqueren ④ und auf Weg „5" (Schürmann-Weg) weiter. Durch
Schlucht. Mehrere Aussichtskanzeln. Weißes Kreuz. Schutzhütte. Fels „Hindenburg". An Weggabelung Weg „5" verlassen ⑤,
auf Weg „6" weiter („S"). Es geht talwärts. Nach ca. 2 km Wald
verlassen und bei Stromleitung in einer Spitzkehre ⑥ nach
rechts. Gleise (Vorsicht!). Gut Kallerbend ⑦. Im Bogen am Bahndamm entlang nach Süden. Nach ca. 1 km an der Rur entlang
links halten. Weg „S" vereinigt sich mit Weg „K" ruraufwärts ⑧. In
Brück Straße überqueren ⑨, auf dem Schüdderfelder Weg weiter. Am Schüdderfelder Hof vorbei. An der Biegung des Teer-
wegs ⑩ links halten. Auf Weg „10" zum Kurpark hinauf, von da
zum Parkplatz ①.

Wer den verbotenen Überweg nicht benutzen will, sollte im Rurtal
auf dem Weg „S" bleiben; auch so erreicht man Brück.

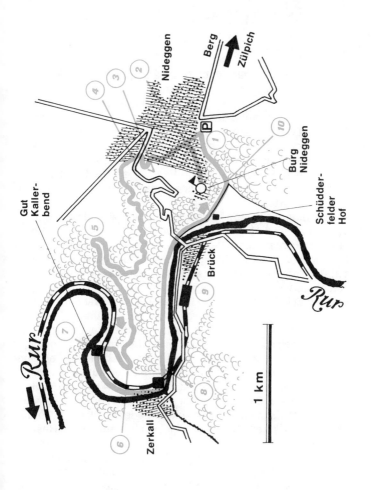

Nidegeen

Berg

Zülpich

Gut Kaller-bend

Burg Nideggen

Schüdder-felder Hof

Brück

Zerkall

Rur

Rur

1 km

Tippeltour 21:

Die Schüssel lauscht ins Weltall

Wir haben *Euskirchen* schon lange aus dem Rückspiegel verloren, fahren noch immer über flaches Land, aber kennen die Strecke und wissen, daß gleich die Eifel beginnt. Und dann ist man doch überrascht, daß es – wieder einmal – so schnell geht: Das Land wird bergig, die Berge rücken näher an die Straße heran. In *Iversheim*, dem ersten Dorf, das wir zur Eifel zählen, biegen wir rechts ab nach *Eschweiler*, kreuzen die Eisenbahn und folgen links dem Landsträßchen nach Eschweiler. Die Pfarrkirche St. Margareta, weiß mit lachsfarbenen Absetzungen, ist der höchste Punkt des Ortes.

Als wir über die Kuppe hinweg sind, sehen wir schon unser Ziel vor Augen: das *Radioteleskop auf dem Stockert*, vorerst noch eine schwarze Silhouette über dem dünn beschneiten Hügel. Das bleibt uns nun, als Blickpunkt, fast für den ganzen Weg erhalten. Wir fahren weiter ins Tal, verlassen unten in einer leichten Rechtskurve die Straße, biegen links in den Wirtschaftsweg ein und erreichen oben den ausgeschilderten Wanderparkplatz. Dort, vor dem großen Wasserbehälter, beginnt unser Rundweg. Ein Stück müssen wir zurück, bis am Waldrand ein nicht geteerter Weg nach rechts abzweigt, der *Wanderweg „A 5"*. Ihm folgen wir jetzt über den *Stockert*. Rechts am Weg liegen zerfallene Überreste eines kleinen Bunkers. Wir bleiben auf dem *„A 5"*, als er im Wald nach rechts abknickt, rechts vom Weg junge Kiefern, links Laubwald. Dann stoßen wir auf einen zweiten Bunker; auch der ist nach Jahrzehnten noch nicht wieder zu Staub geworden, aber die Natur bemüht sich wenigstens, die schäbigen Reste zu verstecken.

Hinter dem Kiefernwald wird die Bergkuppe frei, und mitten auf der freien Fläche steht vor uns das Radioteleskop und lauscht mit seinem großen Trichter nach Nordwesten. Davor steht ein zweiter, weit kleinerer Reflektor. Ein Teleskop ist eigentlich ein Fernrohr zum Durchgucken, aber mit einem Radioteleskop schaut man nicht nach dem Weltraum, sondern lauscht ihm, so daß die Schüssel vor uns besser Tele- oder Audiphon zu nennen wäre, aber das würde auch nur Mißverständnisse bereiten. Vor beinahe fünfzig Jahren sind zum erstenmal – und zufällig – Radiowellen aus der Milchstraße empfangen worden, seitdem sperren überall auf der Welt die Radioastronomen ihre Lauscher auf. Der größte von allen steht gar nicht weit von hier, bei *Effelsberg*, und lockt tagtäglich die Besucher mit seinem drehbaren Reflektor, der größer ist als ein Fußballfeld mitsamt den Umkleidekabinen.

Hier oben, am verwitterten Jägerzaun, sind wir allein. Wir verfolgen weiter unseren Weg, der uns sacht bergab führt. Am Westzipfel des Rundwegs öffnet sich die Landschaft zur Linken für einen weiten Blick über das flache Bergland. Die Kieferschonungen um uns her können den Wind nicht abhalten. Mit seinen 435 Metern zählt der Stockert schon zu den höheren Bergen der Umgebung. Bald erreichen wir den Waldrand, vor uns liegt nun Ak-

Eigentlich müßten die Radioteleskope Audiphone heißen

kerland. Hier stoßen wir auf den Fahrweg, der als „A 5" vom Parkplatz her kommt oder zu ihm führt. Wir folgen ihm nach halblinks
und biegen schon nach rund hundert Metern nach rechts ab, in
die Felder. Ein alter Weidezaun, den wir bald erreichen, zeigt
schwach unser neues Zeichen: „A 4". Der Weg läuft geradewegs
auf den Waldrand zu, eine Stromleitung an Betonmasten führt
über die Felder, und dann bestätigt uns ein frisch gepinseltes
„A 4", daß wir auf dem rechten Weg sind.

Vor uns, auf der Höhe, glänzt *Eschweiler* in der Sonne. Die Straße
von *Eschweiler* nach *Weiler* hören wir, ehe wir sie sehen können.
Der Weg gabelt sich, wir bleiben rechts, überqueren die Fahrbahn und folgen weiter unserem Weg, der uns, gesäumt von dor-
nigen Büschen, über die Felder führt. Ganz rechts, jetzt aber einen knappen Kilometer weit entfernt, wieder einmal oder noch
immer, das Radioteleskop. Vor uns liegt ein hügeliges Heidege-
lände, der Waldrand zur Linken tritt noch weiter zurück. Bei einer
Wegkreuzung kommt von rechts eine Fahrstraße herauf, wir bleiben weiter auf dem „A 4" geradeaus.

Ein Hinweisschild zur Rechten erklärt das hügelige Stück Heide-
land zum „Naturschutzgebiet". Vermutlich sah hier einmal alles
so aus: trockenes Gras auf den welligen Kuppen, dazwischen
karge Dornensträucher; die ebenmäßigeren Landstücke rings-

Bad Münstereifel: Telefonzelle und Briefkasten wurden aus England importiert

um haben die Bauern dann gerodet und beackert, dazwischen blieb ein unwirtliches Stückchen Land zurück, und jetzt ist es zu spät zum Roden: ein Schild verbietet das Beschädigen der Sträucher. Ebenso sinnvoll wäre ein zweites Schild mit Hinweisen, warum gerade hier die Natur mehr zu schützen ist als anderswo, aber das suchen wir vergebens.

Bald biegt der „A 4" nach rechts ab, wir gehen weiter geradeaus. So erreichen wir nach etlichen hundert Metern an einem Wegkreuz eine *Schutzhütte,* massiv im Achteck gebaut. An der Hütte vorbei verläuft der *Weg „A 2",* der uns durch den Wald zurück nach *Eschweiler* bringen soll. Jenseits des Waldstücks steigt der Weg an einer Böschung bergab, hinter einer Wiese mit weidenden Ponies liegt Eschweiler, drüben, über dem Tal, das Radioteleskop. Der Hügel vor uns ist halb abgetragen, halb aufgeschüttet und planiert: da spielt am Sonntagnachmittag Gelb gegen Blau, von einer Handvoll Zuschauern namentlich angefeuert. Unten auf der Straße halten wir uns links. In der ersten Biegung finden wir ein verwittertes Denkmal; die Inschrift ist kaum noch zu entziffern, aber es läßt sich immerhin entnehmen, daß hier herum am 15. November 1925 ein Jäger namens Anton verunglückt ist, dem dieser Stein ein christliches Andenken bewahren soll. Lange wird der Stein das nicht mehr schaffen.

Durch die *Turmgasse* gelangen wir in den Ort. In den Nußbäumen unterhalb der Kirche lärmen die Spatzen. Die Rufe der Fußballspieler werden in der klaren Luft deutlich bis zwischen die Häuser getragen, ansonsten ist es sonntäglich still im Dorf. Auf der *Iversheimer Straße* liegt links die „Gaststätte Kurth". Durch den dikken Kneipenvorhang und über ein ausgeklügeltes System von ausgelegten Aufnehmern kommen wir nach innen. An der Theke sitzen zwei Jungs, die offenbar kein Fußballspiel mögen, trinken schweigend Bier und ziehen an der Zigarette wie Alain Delon, wenn es im Film gefährlich wird. Der Mittelpunkt des Ganzen ist eine Juke-box in irisierenden Leuchtfarben, hier gibt es Neues von den Bläck Fööss und Altes von Amanda Lear. An der Kirche vorbei kommen wir ins Tal, marschieren am Feuerwehrteich vorüber und an einer Muttergottes mit Kapellchen am Wege. Drüben spielt noch immer Gelb gegen Blau.

Ein paar Minuten später sind wir in *Münstereifel,* lassen den Wagen an der alten Stadtmauer und spazieren über den Entenmarkt. Eine englische Telefonzelle beschert dem alten „novum monasterium" einen Hauch von weiter Welt, in der Erft paddeln die Enten, und wir finden ein Weinlokal am Stadttor, das seinen Namen zwar nach der Hölle trägt, aber ungleich angenehmer ist.

Zum Radioteleskop bei Bad Münstereifel

Weglänge: gut 7 km

Anfahrt:
Brühl–Euskirchen, ab Euskirchen B 51 bis Iversheim (gesamte Fahrstrecke hin und zurück ca. 140 km).

Einkehrmöglichkeiten:
In Eschweiler Gaststätte „Kurth", ansonsten in Münstereifel viele Gelegenheiten.

Wanderkarte:
L 5506 Bad Münstereifel.

Wanderweg:
Vom Parkplatz bzw. Wasserbehälter ① ein Stück zurück zum Waldrand, wo rechts der Wanderweg „A5" ② abgeht. Rechts Trümmer eines kleinen Bunkers. Später 2. Bunker. Hinter Kiefernwald Blick auf Radioteleskop ③. Hinter Kiefernschonungen auf Fahrweg „A5" ④ halblinks. Nach ca. 100 m rechts ⑤ durch die Felder. An Weidezaun das Zeichen „A4", in Richtung Wald gehen. An der Weggabelung rechts bleiben, Fahrbahn überqueren ⑥, durch die Felder. An der Wegkreuzung ⑦ auf „A4" geradeaus (Fahrstraße rechts liegen lassen). Schild „Naturschutzgebiet". An der Rechtskurve des „A4" ⑧ geradeaus. Nach etlichen hundert Metern Wegkreuz ⑨ mit Schutzhütte. Nach rechts weiter auf „A2". Böschung abwärts, unten auf der Straße links halten, Gedenkstein ⑩. Durch die Turmgasse zurück in den Ort Eschweiler ⑪. An der Kirche vorbei talwärts, an Feuerwehrteich und Kapelle ⑫ vorbei zum Parkplatz.

Sehenswürdigkeiten in der Umgebung: Radioteleskop Effelsberg, in Münstereifel ausgeschildert. Römische Kalkbrennerei bei Kalkar an der B 51.

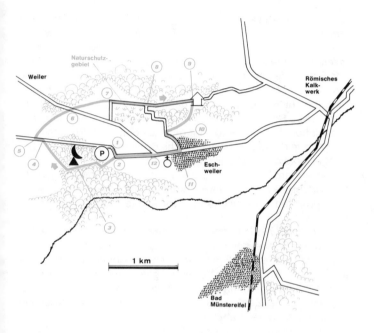

Weiler

Naturschutz-
gebiet

Römisches
Kalk-
werk

Esch-
weiler

Bad
Münstereifel

1 km

Tippeltour 22:

Würzig duftet
die Pinus silvestris

Das Wetter strahlt an diesem Morgen. Die Sonne legt uns unser Abbild als lange Schatten vor die Füße. Im Auto müssen wir die Sonnenblenden tief herunterziehen: es wird unwiderruflich Winter, ein wunderbarer Vorweihnachtstag. Der *Flughafen* und ein paar Siegdörfer huschen an uns vorbei, da vorne liegt schon *Bonn*, aber kurz vor der Nordbrücke verlassen wir die Flughafenautobahn, halten uns rechts, dann nochmals rechts. *„Beuel Nord"* heißt *Schwarzrheindorf* in der kargen Sprache der Verkehrsplaner. Am Kirchenbezirk der Gemeinde *St. Klemens* halten wir an, in der Mauer ist ein Durchlaß, dahinter ein reichlich besetzter Parkplatz, dort stellen wir den Wagen ab.

In strahlendem Weiß, von bunten Kanten und Verzierungen akzentuiert, prunkt vor uns die Architektur der Pfarrkirche, der weithin berühmten romanischen Doppelkirche von Schwarzrheindorf.

Nicht weit fließt hinter Pappeln der Rhein vorbei. Im Mittelalter hat er noch den Sockel der Kapelle umspült. Damals lag hier, wo die Fähre aus dem ehemaligen Legionslager Bonna anlegte, eine karolingische Burg, die die Verbindung der alten Handelsstraßen mit dem mittelalterlichen Flecken Bonn sichern sollte. Erst später wanderte das Zentrum Bonns rheinaufwärts und entwickelte sich um die Märtyrergräber im Münster.

Die *Burg von Rheindorf* kam an die Grafen von Wied. *Arnold von Wied* ließ hier seine Haus- und Grabkapelle bauen, die am 24. April 1151, kurz nach seiner Wahl zum Erzbischof von Köln, eingeweiht wurde. Der spätkarolingische Bauherr hatte sich mit seinem Gotteshaus an der Aachener Pfalzkapelle des Namensgebers der Epoche, Karls des Großen, orientiert. Wie Karls Hofkapelle wurde sie als Zentralbau und als Doppelkirche errichtet. Im Obergeschoß saß der Herrscher auf einem hohen Throngerüst und konnte durch eine achteckige Öffnung im Boden den Gottesdienst im Unterhaus verfolgen.

In Höhe der Oberkirche verläuft außen eine Zwerggalerie, die erstmals hier als Wandelgang angelegt wurde, sie umgürtet den gesamten Bau und trennt die massige untere Hälfte von den vier Satteldächern der Kreuzarme und dem vierkantigen Zentralturm.

Dort oben im Turm setzen, als wir noch schauen, die Glocken ein, erst schlägt zaghaft eine, dann folgt ein vielstimmiges Läuten. Drinnen ertönt, geführt vom Orgelspiel, zum letzten Mal Gesang, schon öffnet sich die Tür, der Schlußgesang braust auf. Erst einzeln, dann in Gruppen, verlassen die Kirchgänger das schöne Gotteshaus, bleiben auf dem Vorplatz stehen, schließen die Mäntel, begrüßen einander, wechseln ein paar Worte, weißer Atemdampf begleitet die Sprechenden, und während der Küster drinnen aufräumt, die Kerzen ausbläst und die Lichter löscht, besichtigen wir den Bau von innen. Hier zeigt die Kirche noch weit üppiger ihre kostbare Pracht und wirkt wie ein seltenes Kleinod.

Die Wandmalereien sind aufgrund der durch die Freskotechnik erhaltenen Vorzeichnungen wiederhergestellt und – zuletzt 1935 – restauriert worden. Rund zwei Jahrhunderte lang waren sie gänzlich verschwunden. Eine geschichtsfeindliche Epoche (alles schon mal dagewesen), die das Zeitalter der Staufer als finsteres Mittelalter banausenhaft abtat, hatte die kostbaren Wände

Die berühmte romanische Doppelkirche von Schwarzrheindorf

weiß übertüncht. Erst 1846 sind die Gemälde wiederentdeckt
worden. Sie künden heute wie vor 800 Jahren von mittelalterlicher Welt- und Historiendeutung, die nur als Erfüllung der Heils-
geschichte begriffen werden konnte.

Wieder im Auto, zwängen wir uns durch das Nadelöhr B 42. Wir
drängeln uns durch *Limperich*, *Ramersdorf* und *Oberkassel*.
Links die Felsenwände der *Rabenlay*. *Römlinghoven*, *Dollendorf*,
dann grüßt *Königswinter* seine Gäste. Hoch oben thront der ver-
waiste Hotelklotz vom *Petersberg*. Wir verlassen die Straße am
Rhein und fahren Richtung *Ittenbach*, geradewegs ins Siebengebirge hinein.

In *Margarethenhöhe* sind wir nicht die ersten an diesem Sonntag-
mittag, aber es sieht so aus, als wären wir die letzten, die noch ohne großes Suchen einen Parkplatz finden. Glück gehabt. Ein biß-

Am Forstlehrgarten

chen leid tut es uns um die Wärme im Auto. Hier draußen beißt uns ein eisiger Wind in Kinn und Ohren und läßt die Nase laufen. Unter den festen Sohlen knirscht es leise: Der Frost hat an die Ränder der halbtrockenen Pfützen weiße Spitzen gehäkelt.

Wer keine allzu robuste Wandermoral hat, der kann es sich einfach machen: einfach geradeaus, immer den Berg hoch, und in zwanzig Minuten sitzt er im warmen Ölbergrestaurant. Aber dafür sind wir nicht hierhergefahren. Wir wollen den Berg zunächst umrunden. Ein Blick noch auf die Wegekarte, *„Ölbergringweg"* steht auf dem Straßenschild, dann ziehen wir los, immer der *weißen „5"* nach.

Mit dem berühmten Hügel vor Jerusalem hat unser Ölberg nichts gemein, nicht einmal den Namen. Das klingt paradox, aber *„Ölberg"* kommt von *„Auelberg"*, dem Berg im *Auelgau*, auf dem einst eine Burg als Gaugerichtsstätte gestanden haben soll.

Weiter auf dem *Weg „5"*, der jetzt in nachtschwarzen Nadelwald führt; nach rechts zum Hang hin stehen Birken, die Durchblick gewähren auf Ittenbach und das Band der Frankfurter Autobahn, die sich in der Ferne durch Berg und Tal schlängelt.

Ein großer Buchenwald nimmt uns auf, der Boden ist bedeckt mit dickem braunem Laub und grünen Gestrüppflächen von Stechpalmen. Ein Rauhhaardackel raschelt im Laub, die gefrorenen Blätter knistern trocken wie Kartoffelchips.

In den Wipfeln der Baumriesen dichten die Eichhörnchen ihre Kobel ab und halten es im übrigen mit Meister Rilke: „Wer jetzt kein Haus hat, baut sich keines mehr."

An der *Schutzhütte „Cornelie"* verlassen wir den vertrauten Weg und wenden uns talwärts, zum Buchenplatz und Forstlehrgarten vom *Forsthaus Stöckerhof*. Unten angekommen, betrachten wir die Ansammlung fremder und heimischer Bäume im Forstlehrgarten. Würzig duftet die *„Pinus silvestris"*, auch Kiefer genannt. Ein Bäumchen, das man noch übers Knie brechen könnte, protzt mit seinem botanischen Namen *„Metasequoia glyptostroboides"*; es muß noch mächtig wachsen, bis es seinen deutschen Namen tragen darf, ohne rot zu werden: es ist der Urwelt-Mammutbaum aus China.

Zurück zum Buchenplatz, wo massige Halbstämme den Wanderer zum Verweilen einladen. Nur sind die Sitzflächen gerade mit Reif überzuckert, da mag man nicht so recht. Ein kleiner Junge erklärt seinem Vater fachmännisch die Felsbrocken, die hier aufgeschichtet sind: „Das ist Trachyt vom Drachenfels, und das Latit vom Stenzelberg." „Alle Achtung", denkt man – und entdeckt das Schild, von dem der Kleine abliest.

Wir halten uns rechts, schätzen die Höhe einer Stieleiche, die um 1815 hier gepflanzt worden ist. Damals tanzte in Wien der Kongreß, und nebenher richteten die feudalen Diplomaten alles wieder gerade so her, wie es vor der Großen Revolution gewesen war. Eine Hinweistafel erklärt dem Wanderer, daß damals in Wien die Ordnung wiederhergestellt wurde. So interpretiert das Forstamt die Geschichte.

Bald stoßen wir wieder auf unseren alten *Weg „5"*. Viele Wege kreuzen sich hier, einer führt auch unmittelbar zum Großen Ölberg, aber wir entscheiden uns wieder für den längeren Marsch. Ein *Steinkreuz* von anno 1726 am Wege erleichtert uns die Entscheidung. Wir lassen den ebenmäßigen Kegel des *Kleinen Ölbergs* links liegen, bleiben rechter Hand auf *Weg „5"* und tauchen wieder in dichtes Tannengehölz ein. Im weiten Bogen umgehen wir den Nordwesthang des Ölbergs und treffen endlich auf den *Rheinhöhenweg*, der uns mit seinem *„R"* steil bergauf leitet, in einem engen Hohlpfad geradewegs zum Gipfel des *Großen Ölbergs*. Schon sehen wir zwischen den Bäumen die Parabolspiegel von Rundfunk und Fernsehen und den großen Sendemast. Dann sind wir oben, außer Atem, aber am Ziel.

Von Südosten her zerrt ein eisiger Wind an uns, der kommt geradewegs aus dem schöhöhönen Wähähästerwald, über dessen Höhen er ja bekanntlich so kalt pfeift. Die Fremdenverkehrsplanervom Westerwald sind, wie unlängst zu erfahren war, gar nicht so glücklich über das populäre Lied und über den Wind: sie fürchten, er vergrault ihnen die Touristen. Prompt haben sie eine neue Westerwaldhymne mit positivem Image in Auftrag gegeben, aber zumindest in den Kasernen wird das alte Lied weiterleben, denn auf keine Weise marschiert es sich so schön geistlos wie auf die vom „Eukalyptusbonbon"-Westerwald.

Den Wind im Nacken, suchen wir die Umgegend nach vertrauten Blicken ab: Da ist der *Drachenfels*, da der *Petersberg*, dort liegt *Bonn,* und wäre nicht dieser Schönwetterdunst, so könnte man in der Ferne die Domtürme sehen.

Der Rundblick vom höchsten Berg im Siebengebirge entschädigt für die blaugefrorenen Finger und den Tatterich in den Waden, den das Bergsteigen besorgt hat.

Im Ölbergrestaurant drängelt sich die Kundschaft, jeder sucht einen Fensterplatz, um bei Waffeln mit heißen Kirschen das Panorama zu genießen – und umgekehrt.

Als wir uns dann wieder dem *„R"* anvertrauen, geht alles sehr schnell. Im Nu sind wir unten, auf dem Parkplatz tuckert schon ein Auto, dem unsere Lücke gerade recht ist.

Rund um den Ölberg

Weglänge: gut 6 km

Anfahrt:
(von Köln): Über Bonn-Nord oder rechtsrheinische Flughafenautobahn, dann B 42, in Königswinter Richtung Ittenbach; Parkplatz Margarethenhöhe (gesamte Fahrstrecke hin und zurück ca.
80 km).

Einkehrmöglichkeiten:
Ölberg, Margarethenhöhe.

Wanderkarte:
Naturpark Siebengebirge (1 : 25000).

Wanderweg:
Vom Parkplatz Margarethenhöhe ① auf dem Wanderweg „5"
durch Nadel- und Buchenwald bis zur Schutzhütte Cornelie ②.
Vom „5" weg talwärts zum Buchenplatz ③ und Forstlehrgarten
④. Vom Buchenplatz rechts Richtung NW zurück auf den Weg
„5", an Kreuzung bzw. Steinkreuz den „Kleinen Ölberg" links liegen lassen, rechts auf Weg „5" weiter in Richtung Tannenwald ⑤.
Auf Rheinhöhenweg (R) bergauf ⑥ zum Gipfel. Rückweg auf „R"
zum Parkplatz ①.

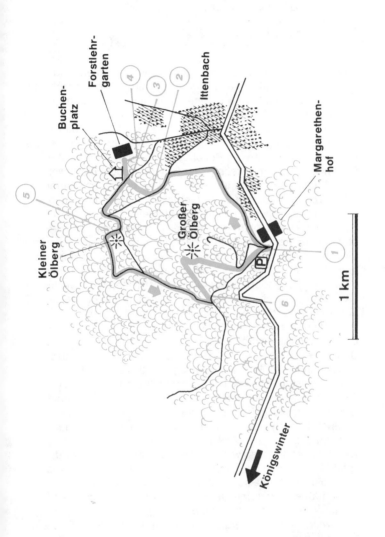

Tippeltour 23:

Ins Dorf der Küze-Bure

Wenn einer eine Reise tut, dann kann er was erzählen. Und wenn er auch bloß wandert, sagen wir: den Rhein hinab von Unkel bis nach Beuel, dann sollte er sich immerhin auf allerhand gefaßt machen, und in *Dollendorf* gibt man ihm das sogar schriftlich: „Wer von Unkel koet gezoge / durch Honnef onbeloge / durch Wingte unbedroge / durch Dollendorf ungefopp / durch Kaasel ungeklopp / der dank in Beuel usem Herrgott." So steht es am Dollendorfer *Laurentiusberg,* am Fuß der Reben, nicht weit von jener Stelle, wo wir unseren Rundweg beginnen: Hinter der *Pfarrkirche St. Laurentius* steigen wir die Böschung hinab zum *Weingut Sülz,* einem alten, repräsentablen Bau, an dessen Holzveranda die Farbe blättrig wird. Hier stehen wir vor den nördlichsten Weinbergen Deutschlands, vielleicht Europas (ein paar Liebhabereien hinter dem Kölnischen Stadtmuseum und anderswo nicht mitgerechnet). Von ihrer Arbeit im Wingert haben die Dollendorfer sogar ihren Spitznamen weg: Sie heißen „Küze-Bure" nach der „Küz", der Rückentrage, die heute freilich eher in Partykellern als in Weinbergen zu finden ist.

Wir halten uns links, am Nußbaum vorüber und dem Garten mit den bunten Plastikmöbeln.

Unser Weg folgt zunächst dem Wein-Wanderweg, der nach der Flurbereinigung 1978 hier angelegt wurde. Er ist mit numerierten Hinweistafeln besetzt; wir beginnen am Ende, bei Nummer 15. Über uns stehen am Draht die Rebstöcke des Dollendorfer *Sülzenbergs.* Es geht durch eine Rechtskurve, zum zweitenmal vorüber an der Wasserkaskade und nun mitten durch den Wein (Station 14).

Bei Nummer 13 lesen wir, was hier so alles angebaut wird: auch roter Wein – doch der reicht wohl gerade aus, um als „Drachenblut" die Drachenfelsbesucher das Fürchten zu lehren.

Es geht über Trittstufen aus Eisenbahnschwellen links den Hang hinauf; oben nehmen wir den breiten, gestreuten Weg zwischen Laubwald und Weinbergen (Stationen 12, 11, 10). Wir drehen uns mit dem Weg um die Lage „Rosenhügel" unter uns und wandern dann hinüber zur Schutzhütte auf der „Hülle". Die Hütte heißt „Rheinblick", und was es außer dem Rhein hier noch zu sehen gibt, sagt eine Panoramatafel am Rand des Buckels: *Bonn,* die Südbrücke, den „langen Eugen", die *Godesburg*

gegenüber mit wehender Fahne. Hinter uns die sieben Berge und vor uns die Basaltsäulen der *Rabenlay.*
Vor Zeiten floß der Rhein noch nicht so ruhig Richtung Norden. Er staute sich an den Hängen eines einstmals mächtigen Gebirges. Prompt kamen sieben Riesen, das Gebirge zu durchstechen. Nach getaner Arbeit, das heißt vermutlich: nach sieben Tagen, packten sie ihre Siebensachen und klopften sorgsam ihre sieben Spaten aus: So entstand das Siebengebirge. Seither kommen jährlich die Touristen, um zu sehen, was die Riesen angerichtet haben. Wer's gemischt liebt, bunt und laut, fährt zum Drachenfels; gemütlicher ist es hier in Oberdollendorf. Wir steigen die Tritte hinab bis zum Teerweg, halten uns rechts, rheinabwärts, und gleich hinter der Hütte und gut dreißig Meter vor dem Waldrand, verlassen wir den Wein-Wanderweg und halten uns abermals rechts.

Die malerischen Ruinen von Kloster Heisterbach

Es geht noch einmal an der Hütte vorüber; wo wir den Rosenhügel wieder erreichen, nehmen wir nun den schwarz gestreuten, unmarkierten Weg nach links. Es geht durch Apfelbaum-
wiesen, links liegt noch ein Acker, dann kommen wir durch
einen Riegel verwilderten Wald. Der Weg führt nun durch welliges Gelände, das locker aufgeforstet wird. Hier ist einmal gebud-
delt worden: Klebsand und Ton haben dem Ort zu Anfang des
Jahrhunderts die Hintertür ins Industriezeitalter aufgetan.
Es geht durch Wiesen mit Birken und Erlen, der Waldrand rechts
bleibt in Steinwurfweite.
Schließlich kommt der Weg in den Wald, kreuzt dort eine Weg-
böschung, und ehe wir die Straße in Höhe des Wasserbehälters
erreichen, wenden wir uns auf dem schmalen, gekennzeichneten Weg nach rechts („6"). Einen knappen Kilometer folgen wir
nun dem Verlauf der Straße, dann schwenkt der Weg nach links
zu ihr hinüber, und wir stoßen am Wanderparkplatz rechts neben
der Straße auf den Rheinhöhenweg (R). Ihm folgen wir nun bis
zum Kloster Heisterbach. Es geht zunächst rechts, weg von der
Straße, dann, nach einem Rechtsknick, stoßen wir auf den Rundweg um die Dollendorfer Hardt („5").
         Hier sind viele Sparziergänger unterwegs, um in halb-
stündigem Marsch die *Dollendorfer Hardt* zu umwandern.
Wir haben den großen Bogen gewählt, wenden uns links und erreichen in ein, zwei Minuten den Rastplatz, wo wir auf den *Rheinhöhenweg (R)* stoßen, der uns zum Kloster Heisterbach bringen
soll. Hinter der Dollendorfer *Hardthütte* verläßt uns der *Rundweg*
„5"; nach weiteren 200 Metern müssen wir uns wieder halblinks
halten, denn der Weg rechts führt sofort zurück ins Oberdollendorfer Mühlbachtal. Auf dem *Rheinhöhenweg* steigen wir ab ins
Tal, überqueren die Straße und kommen über Äcker und durch
einen Waldgürtel ans *Kloster Heisterbach.*
Die Ruine der spätromanischen Abteikirche steht, eingerahmt
von großfingrigem Kastanienlaub, in der ersten Dämmerung da
wie in Öl gemalt von alten Meistern. Jedes Kind kennt den sanften
Schrecken in der Geschichte vom „Mönch von Heisterbach" aus
dem Lesebuch. Geht hinaus in den Heisterwald und kehrt, ah-
nungslos, erst nach Jahrhunderten zurück ins Kloster, wo niemand ihn kennt und auch ihm alle fremd sind.
Daß *Caesarius von Heisterbach* hier seine erbaulichen Predigten
und Historien geschrieben hat, darauf verweist der Gedenkstein
neben der Ruine. Aber auch der berühmteste fahrende Sänger
des Mittelalters, der *„Archipoeta"*, soll hier gelebt haben. Und
das nicht zu schlecht, wie seine Beichte vermuten läßt: „Meum
est propositum in taberna mori . . .", was zu gut deutsch etwa

heißt: „Es sieht so aus, als sollt' ich in der Kneipe sterben . . ."
Dollendorf war auch schon damals für seinen Wein bekannt.

Im Klostergarten steht eine Heilige Mutter mit einem Strahlenkranz aus Glühbirnen. Ein Eichhörnchen hüpft in eleganten Sprüngen durch eine Wiese und verschwindet auf Nimmerwiedersehen im erstbesten Baum.

Vorne, an der Klostermauer aus grobem Naturstein, entdecken wir unser neues Wegzeichen, einen *weißen Winkel.* Wir marschieren am Waldrand entlang, lassen uns von einem Hinweisstein bestätigen, daß wir auf dem rechten Weg nach *Oberdollendorf sind, überqueren die Straße, und kommen so ins Mühlental.* Linker Hand schießt der *Mühlbach* durch seine enge Rinne. Wir brauchen ihm nur zu folgen, bis wir nach einem weiteren Kilometer den Ausgangspunkt an der Dorfkirche *St. Laurentius* erreicht haben. Die frische Luft im Wald ist uns nicht aufgefallen, aber jetzt, zurück in der Zivilisation, sticht uns der Geruch von Kohleöfen in der Nase.

Knapp acht Kilometer über Berg und Tal – und anfangs auch über Stock und Stein – sind wir getippelt: das macht hungrig. Die Gaststätte „Im kühlen Grunde" haben wir noch dort, im Mühlbachtal, links liegen gelassen. Oben im Ort bieten sich mehrere Lokale an: Das Hotel „Bungertshof"; Gut „Sülz"; das Weinhaus von Paul Lichtenberg, wo überwiegend älteres Publikum beim Dämmerschoppen dicht gedrängt beisammensitzt; nur wenige Schritte weiter das Weinhaus „Zur Mühle" mit seiner schmucken Fassade; im Schankraum der „Bauernschenke" finden wir noch einen freien Tisch. Wir bestellen den kernigen Oberdollendorfer Laurentiusberg in gehörigen Pokalen. Die Wirtin schließt die Vorhänge und knipst die Lampen auf den Fensterbänken an. Draußen ist es dunkel geworden.

Rund um die Dollendorfer Hardt

Weglänge: rund 7 km

Anfahrt:
Autobahn Richtung Königswinter bis Abfahrt Oberdollendorf, den Schildern folgend; Parkmöglichkeiten bei der Metzgerei „Pütz", neben der „Bauernschenke"; evtl. auch an Kloster Heisterbach, dann dort den Weg beginnen.

Einkehrmöglichkeiten:
wie beschrieben in Oberdollendorf.

Wanderkarte:
Naturpark Siebengebirge 1:25 000

Wanderweg:
Neben Weingut Sülz ① Wein-Wanderweg bergaufwärts durch Kurven (Stationen 15, 14, 13); am Waldrand ② vorüber und Weg folgen bis zur Hütte „Rheinblick" ③; an der Nordseite der Hütte dann den gekennzeichneten Weg verlassen und schwarz gestreuten Weg durch Obstwiesen nehmen, der wegführt von der Weinlage „Rosenhügel" nach Norden; hinter Wiesen und Acker durch Riegel Wald, dann in den Wald; knapp 1 km nach Hütte „Rheinblick" Querweg Nummer „6" ④ rechts (vor Wasserbehälter); parallel zur Straße bis Wanderparkplatz an der Straße ⑤, auf Rheinhöhenweg (R) rechts durch Rechtsknick bis Rundweg „5" ⑥, dort links einbiegen, am Rastplatz vorüber zur Dollendorfer Hardthütte ⑦; nach 200 m halblinks halten ⑧, auf „R" zum Kloster Heisterbach ⑨. An der Klostermauer auf Weg mit weißem Winkel am Wegstein vorbei. Durchs Mühlental nach Oberdollendorf zurück ①.

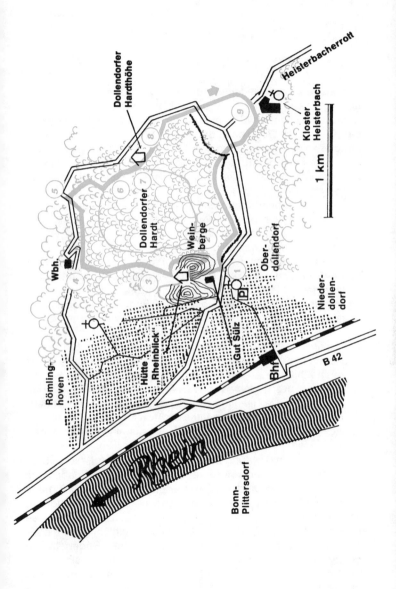

Tippeltour 24:

Die Ruine
des armen Ritters

Alle sieben Berge jenseits des Rheins sind vulkanischen Ur-
sprungs, aber nirgends hat der Vulkanismus so deutlich seine
Spuren hinterlassen wie hier auf dem *Rodderberg.* Wir sind über
die „B 9" durch *Bonn* nach Süden gefahren, haben die Ausbaustrecke an der Abzweigung *Meckenheim/Niederbachem* verlassen, folgen nun der gut beschilderten Strecke und erreichen so
Niederbachem, wo wir die *Meckenheimer Straße* nach links verlassen müssen.

Vor ein paar limonadenbunten Fachwerkhäusern biegen wir links
in die bergauf führende „*Vulkanstraße*" ein, halten uns links und
erreichen den Parkplatz an der „*Reitschule Rodderberg*", wo unser Rundweg beginnen soll.

Wir stehen auf dem Kraterrand, vor uns, noch immer leicht
trichterförmig, der Vulkan. Die Wolken ballen sich ständig aufs
neue, gelegentlich kommt die Sonne durch und beleuchtet das
Panorama. Zur Linken die *Godesburg, Bonn,* das Bundeshaus,
gegenüber, auf der anderen Rheinseite, *Petersberg, Drachenfels*
und *Ölberg, Rhöndorf* mit dem Adenauerhaus, *Bad Honnef* und,
weiß glänzend darüber, die Heilstätte *Hohenhonnef.* Ein Sportflugzeug über uns ist das einzige, was wir hören, und als wir der
Maschine mit den Augen in die Eifel folgen, entdecken wir die
Riesenkugel des *Radoms* von *Werthoven.* Von einem Lichtstrahl
gestreift, steht sie hellglänzend zwischen den dunklen Boden-
wellen wie ein soeben gelandetes Ufo. Nach diesem vielverspre-
chenden Rundblick brechen wir auf, den Krater in weitem Bogen
zu umrunden.

Wir halten uns in Richtung *Bonn* auf dem Kraterrand, rechts breiten sich die Rabatten einer Baumschule aus. Nach knapp zehn
Minuten erreichen wir den asphaltierten Fahrweg, der uns rheinaufwärts führen soll; aber vorher müssen wir die alte Tuffgrube
links am Weg besichtigen, aus der schwarz eine steinerne Nase
ragt wie in Sekunden erkaltetes Magma. Vielschichtig war die Arbeit des Vulkans, das ist an verschiedenfarbigen Bodenstreifen
gut zu erkennen. Was wie Koks und Geröll aussieht, sind Tuffe,
Schlacken und Aschen, erläutert eine Panoramatafel am Rand
der Grube.

Als wir die Kraterrunde fortsetzen, stößt bald der *Rheinhöhen-weg („R")* zu uns, der vom Rhein heraufkommt und dem wir von nun an folgen.

Im Vorübergehen halten wir die Augen offen, um vielleicht doch jenes Pentagramm in einem Baumstumpf zu entdecken, das um 1864 der Bonner Theologiestudent *Friedrich Nietzsche* hier geritzt haben will. Natürlich bleibt es unauffindbar, aber dafür entdecken wir etwas anderes, einen Aussichtspunkt an einer Baumgruppe. Der Blick auf das Rheintal trägt hier sogar einen Namen: *„Heinrichsblick"* heißt er, wie es auf einer Bronzetafel zu lesen ist: „Historische Richtstätte des Amtes Mehlem". Der Zusammenhang will sich nicht gleich herstellen, denn wohl auch damals konnten Blicke nicht töten. Vermutlich aber durften die armen Gehenkten, bevor der Henker ihren Kopf neben sie legte, hier noch einmal einen letzten Blick riskieren, um zu erkennen, auf was sie fortan zu verzichten hätten.

„Hier hat Roland nicht gesessen": der Rolandsbogen

Wir würden gerne etwas rasten, aber dann lesen wir weiter, daß die St.-Sebastians-Bruderschaften zu Mehlem die Richtstätte 1946 „wiedererrichtet" hätten. Mit einer Gänsehaut und schnellen Schritten fliehen wir den unheimlichen Ort. Zum Glück beginnt keine 200 Meter weiter das Bundesland Rheinland-Pfalz, da endet wohl die Gewalt der Mehlemer Sebastianusbrüder.

Wo der Kraterrand und der Rheinhöhenverbindungsweg („RV") nach rechts abbiegen, steht links am Weg ein einsamer Turm, ein romantisches Bauwerk von 1848. Den hat man sicher gebaut, um besser erkennen zu können, wann denn nun, und von wo, die Demokratie nach Preußen kommen würde. Das „R" führt uns nun geradewegs zum *Rolandsbogen*. Die Buchen am Steilhang sind von parasitären Schlingpflanzen üppig umwuchert. Wir entdecken die Burggaststätte und nach einer weiteren Biegung den Bogen, die meistbesungene Ruine am Rhein. Hier oben saß – so will es die Sage – vor Hunderten von Jahren Roland, der heldische Vasall Karls des Großen, und trauerte um seine Liebste Hildegunde. Die war nicht tot, die war nicht einmal weit weg, und doch war sie unerreichbar. Bei einer Schlacht in Spanien – hatte es geheißen – sei Roland gestorben. Aus Gram über den vermeintlichen Tod ihres Ritters ging Hildegunde ins Inselkloster *Nonnenwerth* – bevor Roland persönlich die Falschmeldung dementieren konnte. Er kam, sah's und baute sich eine Klause über dem Kloster, wo ihn schließlich sein gebrochen Herz dahinraffte.

Kein Zweifel, das ist zu schön, um wahr zu sein, und es gibt ähnliche Geschichten in der Weltliteratur (von Ovids „Pyramus und Thisbe" bis zu Shakespeares „Romeo und Julia"), aber nur von dieser Geschichte hier hat sich ein Bogen herübergerettet, und das Kloster im Rhein ist schließlich auch noch da, noch immer ohne Brücke, so, als befürchte man noch immer, irgendein Roland könne des Nachts zu seiner Hildegunde streben. Nicht nur wegen der strengen Sage macht das adrette Kloster von hier oben einen strengen Eindruck. Streng ist die klare Gliederung der Architektur, streng geometrisch geordnet sind die Beete daneben, und selbst die Pappelreihe, die sich über die Insel zieht, ist mit der Reißnadel gesetzt worden.

Auch der Bogen hat seine Geschichte, und die ist kaum weniger romantisch als die seines Erbauers. In einer Sturmnacht im Dezember 1839 sank der Rest von Rolands Ruine in Trümmer. Daraufhin veröffentlichte ausgerechnet der Revolutionslyriker *Ferdinand Freiligrath* in der *„Kölnischen Zeitung"* von *Joseph DuMont* einen gereimten Spendenaufruf, dessen Pathos für den Wiederaufbau auch prompt der Leser Herz und Portemonnaie bewegte.

Noch im September desselben Jahres luden die vereinigten Ruinenbaumeister zu einer Rheinpartie, um den hohen Bogen einzuweihen.

Noch hundert Jahre nach seinem Tod wollte man das dem Freiligrath nicht vergessen und hängte 1976 eine Gedenktafel auf.

Nur einen Haken hat der Bogen, aus dem Roland tränenblind
nach Nonnenwerth gespäht haben soll: das Kloster läßt sich von
dort aus überhaupt nicht sehen. Hier jedenfalls hat Roland nicht
gesessen. Dafür haben das nach ihm genügend andere getan. In
der benachbarten Gaststätte hängen einige Gruppen- und Einzelbilder mit Bogen. Auf einem Foto von 1935 sitzt auch der rheinische Dichter *Jörg Ritzel* in einer Pose wie Goethe auf dem Italienbild von Tischbein. Daneben hängt die Handschrift seines bekannten Lieds „Im Rolandsbogen" („Ich kam von fern gezogen . . ."), in dem Ritzel seine amourösen Abenteuer mit der
Wirtstochter schildert, die buchstäblich im Sande verlaufen sind.

Hier innen hat alles eine Beziehung zum Bogen, nur das lockige
Mannsbild in der Ecke nicht. Das ist weder Roland noch Freiligrath, sondern ein Wächter aus dem Süddeutschen, den es an den
Rhein verschlagen hat.

Beim Weitergehen fällt uns das sonnengelbe Lustschloß im Süden auf, das einmal die türkische Botschaft beherbergt hat. Jetzt
sitzt da die Arbeiterwohlfahrt.

Durch dicht wucherndes Gestrüpp folgen wir dem *Weg „R"* zum
Rhein. Wir passieren die monumentale *Freiligrath-Weihestätte*
im Wald. Des Meisters Bronzebüste hat den Blick auf seinen Bogen gerichtet, aber ein Tannenbaum versperrt ihm die Sicht.

Unter der Eisenbahnlinie her erreichen wir das Rheinufer und halten uns rheinaufwärts. Auch die Botschaft der UdSSR ist ebenso
wie die der Türken nicht mehr das, was, und da, wo sie mal war. In
dem Prachtbau werden jetzt Antiquitäten gehandelt. Gleich dahinter verlassen wir wieder die laute Rheinuferstraße und steigen
in den Wald. Der Weg ist zunächst mit einer *„12"* gekennzeichnet,
bei einem Ententeich gabelt er sich, und wir bleiben rechts und
verfolgen von nun an die *„10".*

Von Biegung zu Biegung wird der Wald schöner. Die Sonne
bringt das frische Grün der Buchen zum Leuchten. Wir hören einen Kuckuck, dann ein unvermutetes Blöken und erreichen oben
auf der Höhe eine Obstbaumwiese mit weidenden Schafen.
Schließlich stoßen wir auf den asphaltierten Weg *„RV",* dem wir
vorbei an zaghaft blühenden Pfirsichbäumen nach links folgen.
An der *„Römerstraße"* nehmen wir den Sandweg nach rechts
und erreichen bald unseren Ausgangspunkt.

Über den Rodderberg bei Bonn

Weglänge: etwa 6 km

Anfahrt:
Von Bonn über die B 9 bis Abzweigung Meckenheim, dort nach Niederbachem; in Niederbachem über die „Vulkanstraße" zum Parkplatz an der Reitschule (gesamte Fahrstrecke hin und zurück ca. 80 km).

Einkehrmöglichkeit:
Burggaststätte Rolandsbogen.

Wanderkarte:
Naturpark Siebengebirge 1 : 25 000.

Wanderweg:
① Kraterrand in Richtung Bonn umrunden. An Baumschule vorbei in ca. 10 Min. zu asphaltiertem Fahrweg ③. Links Tuffgrube ②. Dem Rheinhöhenweg (R) rheinaufwärts folgen. Aussichtspunkt „Heinrichblick". An der Rechtskurve des Rheinhöhenverbindungswegs („RV") links Turm ④. Auf „R" weiter zum Rolandsbogen ⑤. Von hier auf „R" zum Rhein, vorbei an Freiligrath-Denkmal. Unter Eisenbahnlinie hindurch ⑥. Am Rheinufer flußaufwärts. Hinter der ehemaligen UdSSR-Botschaft in den Wald auf Weg „12" ⑦. Bei Ententeich Gabelung, rechts auf Weg „10" weiter. Oben auf der Höhe Obstbaumwiese. Danach in den asphaltierten „RV" nach links einbiegen ⑧. An der Römerstraße in Sandweg nach rechts ⑨ einbiegen. Zurück zum Parkplatz.

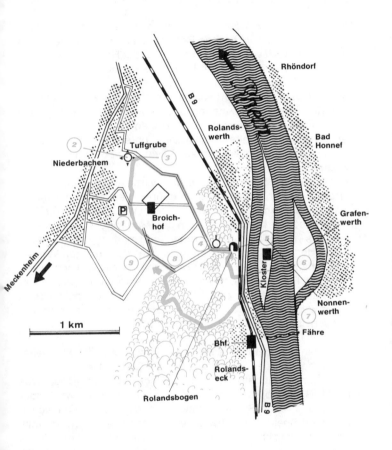

Rhöndorf

B 9

Rolands-
werth

Bad
Honnef

② Niederbachem

Tuffgrube ③

P ①

Broich-
hof

④ ○

Grafen-
werth

⑨ ⑧

Kloster

⑥

Nonnen-
werth

⑦

Fähre

Meckenheim

1 km

Bhf.

Rolands-
eck

Rolandsbogen

B 9

Tippeltour 25:

Sieglinde hängt schief

Umrahmt vom Rhein, zwei Autobahnen und einer Schnellstraße, liegt noch ein Idyll im breiten Bett der *Sieg*, dort, wo sie in den Rhein fließt. Weit vor *Köln*, fast noch auf der Höhe von *Bonn*, ein wenig Niederrhein, *Mondorf, Bergheim*, Kirchen aus Backstein, Deiche und dümpelnde Kähne vor der Haustür. Der Fluß ist breit hier und wenig befestigt; wir parken auf Rheinkies, ein Warnschild am Wasser zeigt uns schwarz auf weiß mit rotem Rand, wie leicht eine Limousine vom festen Boden in die Wellen hopsen kann: hier an der alten Rheinfähre, unterhalb des Gasthofs „Rheinblick", endet die Hauptstraße von *Mondorf* am fließenden Wasser.

Die Wiesen vor den Werften rheinabwärts sind in Pastellfarben erfroren, weißer Rauch steigt in dünnen Fahnen zum Himmel, besser kann man sich den Sonntag nicht wünschen. Unser Weg ins Siegbett führt uns zunächst in den *Mondorfer Hafen*. Ausgebleichtes Treibholz an der Uferböschung markiert die alten Wasserstände. Enten und Möwen sitzen auf dem ruhigen Wasser oder schaukeln auf den letzten Heckwellen eines fast schon vergessenen Frachtkahns, der irgendwann einmal weit draußen vorübergetuckert ist. Ein paar Meter weiter im Hafenbecken und weiter weg vom Rhein klirren die ersten Eisschollen, dünn wie Glasscheiben, auf denen selbst ein Bläßhuhn nur mit Flügelschlägen balancieren kann.

Wir folgen dem befestigten Weg am Wasser entlang, ein zweiter läuft oben über den Deich, dahinter die Giebel der Häuser. Drüben säumen Pappelreihen das Hafengelände. Am Bootshaus des MYC Mondorf scheint das Wasser zu brodeln: Zwei Kinder werfen aus vollen Händen Brotkrumen ins Wasser, da machen die Enten Spektakel, schwimmen schnell hierhin und dorthin, richten sich mit klatschendem Flügelschlag auf, um ihr Revier zu verteidigen, und können doch nicht die Möwen vertreiben, die schneller sind, sich mit Hurra ins Wasser stürzen oder die Brokken schon in der Luft erwischen.

Am Ende des Hafens ist das Wasser gefroren, Äste und Knüppel liegen auf dem glitzernden Eis, Kinder werfen immer wieder neue Stöcke, und sekundenlang singt dann das Eis. Wir bleiben am Wasser, rund um das Hafenbecken, bis zu einer Stelle, wo große Steinbrocken zu einem Haufen aufgeschichtet sind. Da halten wir

uns links, mitten durch ein Pappelstück. Ein letzter Rückblick:
Vor uns der Hafen in der Sonne, in der Ferne der offene Rhein, dahinter die Kirche von *Hersel* am anderen Ufer.
Nur wenige Minuten, und wir stehen wieder vor Wasser.
„Diescholl" heißt laut Karte dieser tote Mündungsarm der Sieg,
eine herrliche Sumpflandschaft breitet sich vor uns aus, jetzt hart
gefroren in den zarten Farben des Winters. Wir halten uns links,
landeinwärts, und kommen bald auf den Deich. Vor zehn Jahren
hätten wir hier nicht spazieren können: eine Hochwassermarke
zeigt uns den Stand vom 25. 2. 1970. Da hat sich die Sieg mit dem
Rhein verbrüdert: Wasser, so weit das Auge reicht, bis an die Böschung der Schnellstraße zur Linken, die es damals aber wohl

Mondorfer Hafen mit der Kirche von Hersel

noch gar nicht gab. Oben erreichen wir das weiße Clubhaus des KKP: Kanu Klub Pirat. Zum Einkehren ist es noch zu früh, deshalb gehen wir weiter, durch den *„Nachtigallenweg"*. Bevor uns eine Brücke über die Autostraße führt, steigen wir den Fußweg nach rechts hinab, überqueren mit der Straße den Siegarm und verlassen sie gleich wieder, um zurück ans Wasser zu kommen. Eine kleine Wasserstelle am Ufer, größer als eine Pfütze, aber zu klein, um Tümpel zu heißen, mit Grasbüscheln durchsetzt und wohl bis zum Grund gefroren, dient hier als Schlittschuhbahn. Die Kinder kommen auf dem kurzen, holprigen Stück kaum in Fahrt, es reicht gerade, um malerisch durcheinanderzupurzeln, einer sitzt am Ufer und tupft sich das Blut vom Kinn.

Wir nähern uns wieder dem *Rhein*. Zur Linken alte Obstgärten, rechts, hinter dem Wasser, der Weg, über den wir gekommen sind. Auf dem Rhein wummern wieder die Frachtkähne vorüber, das grüne Wasser im Arm, an dem wir stehen, schlingert in Dutzenden von kleinen Wirbeln. Einer kennt rätselhafte melusinische Gesetze: Dreimal taucht man noch auf, bevor man im Wirbel für immer verschwindet. Vor uns schiebt sich eine Landzunge ins Bild. Auch das Wasser von links strömt sacht, so wie draußen der Rhein. Ein, zwei vorsichtige Schritte auf flachen Steinen ins Wasser, und ich kann das Schild lesen, das hier im Wasser steht: „Das Befahren der Sieg mit Motorbooten ist verboten."

Kaum haben wir die Siegmündung erreicht, müssen wir sie schon wieder verlassen, denn schon nach wenigen Metern flußaufwärts schiebt sich der nächste tote Siegarm in den Weg, die *„oberste Fahr"*, die wir als nächstes umrunden müssen. Schwarze Kopfweiden stehen am anderen Ufer. Hier ist das Wasser wieder gefroren, bis es, zum Ende hin, brüchig wird, sich in knirschenden Schollen auflöst, die endlich auch verschwinden. Wir vermuten einen Zulauf und entdecken ihn bald darauf. Zwei Schwäne steuern reglos durch das Wasser, lassen sich Zeit, bis sie das Brot aufnehmen, das man ihnen zuwirft. In der Biegung am Ende des Wassers fallen uns erstmals die beiden Harfenmasten der *Friedrich-Ebert-Brücke* auf, die, zwei Kilometer vor uns, die Autobahn über den Rhein führt. Am Rand einer Obstbaumplantage entdecken wir zwei Graureiher, die etwa hundert Meter weg vom Weg die Sonne genießen.

Wieder an der Sieg steigen wir die Uferböschung hinunter und wandern flußaufwärts. Um uns herum hängen in den Bäumen die Reste vom letzten Hochwasser, trockene Grasbüschel, tote Äste, Plastiktüten. Hinter der jenseitigen Uferböschung fließt der Rhein, die Häuser, die wir zwischen den Bäumen sehen, stehen schon linksrheinisch. Ein letzter, kurzer Nebenarm führt uns noch einmal von der Sieg weg, der Weg führt auf die Böschung hinauf, die wir aber bald wieder nach rechts verlassen, um wieder die Sieg zu erreichen.

,,Hartgefroren in den Farben des Winters": Diescholl

Die Rheinschiffe, die mit ihren Aufbauten nicht weit vor uns vor-
überschieben, sehen aus, als führen sie über Land. Auch die
Brücke scheint nur Ackerland zu überspannen. Vor uns taucht
das Haus „Zur Siegfähre" auf, gelb mit braunem Holzbeschlag.
Eine Fähre ist hier schon lange nicht mehr nötig, denn auf hohen
Stelzen aus Beton führt die Hochstraße nach *Niederkassel* über
die Sieg und das Gasthaus hinweg. Ein Siegkahn aus Eisenblech
liegt am Ufer, randvoll mit Erde gefüllt wie ein Blumentopf, ein
zweiter mit dem sinnigen Namen „Sieglinde" hängt, halb abge-
soffen, schief im Wasser und friert von innen zu. Das Gasthaus
bietet auf einer Tafel „warme und kalte Küche, Kaffee und Kuchen". Wir wären schon mit einem schnellen Grog zufrieden,
aber das Haus ist wie ausgestorben und im Winter wohl nicht be-
wirtschaftet. Der Stacheldraht an der Koppel hinter dem Haus ist
armdick mit angeschwemmtem Gras umwickelt. Wenn das Wasser so hoch steht, braucht man im Gasthof zum Putzen keinen Ei-
mer, das geht dann wie in Augias' Stall.

Wir verlassen die Sieg, folgen dem Weg unter der Hochstraße her
und halten uns dann links, geradewegs auf die Kirche von Bergheim zu. *Bergheim* trägt seinen unerwarteten Namen mit Recht,
im Halbrund vor uns erstreckt sich eine stattliche Böschung, an
deren Oberkante erst der Ort beginnt. Über die Felder erreichen
wir den Ort, überqueren die *„Oberstraße"*, bleiben auf der *Straße
„Zur Siegfähre"* und schwenken gleich darauf nach links, am
Sportplatz, in die *„Bergstraße"* ein. Eine Tafel am Weg zeigt uns,
daß wir uns im Vogelschutzgebiet befinden, und zählt uns akku-
rat Brehms gesamte Vogelschar mit bunten Bildern auf. Und damit die Rotkehlchen und Schwarzdrosseln auch wissen, wem sie
soviel Fürsorge verdanken, hat sich der Stadtverordnete, der ihnen die Tafel spendiert hat, gleich mit auf die Tafel setzen lassen,
und gleich auch mit Parteibuch: „Zur Freude aller", wie es auf der
Tafel heißt. Endlich erreichen wir den *„Nachtigallenweg"*, den wir
schon kennen. Jetzt ist es zu spät, bei den Kanupiraten vorbeizu-
schauen. Drüben rutschen noch immer die Kinder über die Pfütze. Diesmal bleiben wir oben auf dem Deich und erreichen so
endlich den Hafen und den Parkplatz am Rhein. Im Gasthof
„Schlimbgen", einem grünweiß gekachelten Wirtshaus an der
Straße, schimmert schon warmes Licht aus den Schankräumen.
Spaziergänger, auch Einheimische mit Schiffermützen, stehen
um die Theke. Jetzt kann der Abend kommen. Nur zur Toilette
muß man noch übern Hof. Im Herrenklo tropft der Wasserhahn,
und wo er hintropft, wächst langsam ein Eiszapfen dem Hahn entgegen.

Zur Siegmündung

Weglänge: knapp 10 km

Anfahrt:
Flughafenautobahn bis Bonn–Beuel Nord. Von dort Richtung Niederkassel bis Abzweigung Mondorf, hier nach links durch den Ort bis zum Rheinufer (gesamte Fahrstrecke hin und zurück ca. 60 km). Parkmöglichkeit am Rheinufer.

Einkehrmöglichkeiten:
Im Sommer „Zur Siegfähre", Gaststätten in Mondorf und Bergheim.

Wanderkarte:
Rhein-Sieg-Agger 1 : 25 000 oder Naturpark Siebengebirge 1 : 25 000 oder 5208 Bonn 1 : 25 000.

Wanderweg:
Vom Parkplatz ① zum Mondorfer Hafen. Auf dem Weg am Wasser entlang. Hafenbecken umrunden zur Steinbrockenansammlung ②. Hier links ab durch Pappeln. Am toten ② Mündungsarm der Sieg („Diescholl") links halten, landeinwärts zum Deich. Auf dem Deich weiter, Clubhaus des KKP ③. Weiter durch Nachtigallenweg. Vor Straßenbrücke Fußweg rechts bergab, mit der Straße Siegarm überqueren und sofort Straße verlassen ④, in Richtung Rhein. Links Obstgärten, Siegmündung ⑤. Toten Siegarm umrunden. Zurück an der Sieg ⑥, Uferböschung hinuntersteigen und flußaufwärts gehen. Haus „Zur Siegfähre" ⑦. Von der Sieg weg, Hochstraße unterqueren, links halten ⑧ in Richtung der Kirche von Bergheim. Oberstraße ⑨ überqueren, am Sportplatz in die Bergstraße, Nachtigallenweg. Weiter auf dem Deich ⑩ zum Hafen und zum Parkplatz ①.

Der Weg führt durch Hochwasser- und Bruchgebiet, bei feuchtem Wetter daher entsprechendes Schuhwerk vorsehen.

Seit 1984 verkehrt die Siegfähre auch wieder für Ausflügler, und zwar im Sommer bei gutem Wetter.

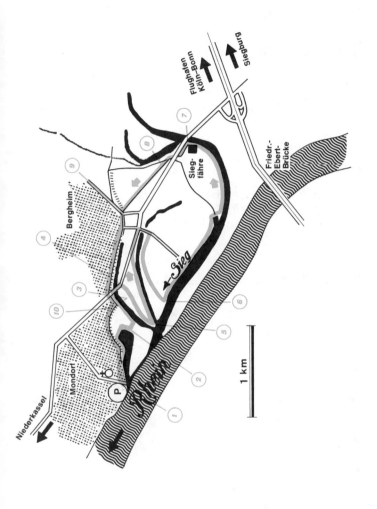

Außerdem sind erschienen:

Peter Squentz

Tippeltouren

Band 2

25 weitere Wanderungen Bergisches Land · Eifel · Siebengebirge · Niederrhein

Band 3

25 neue Wanderungen Bergisches Land · Eifel · Siebengebirge · Niederrhein

Band 4

Wieder 25 Wanderungen rechts und links des Rheins

Band 5

25 Wanderungen rechts und links des Rheins

Weitere Bände sind geplant

J.P. BACHEM VERLAG KÖLN